岩石上的梦想

雕塑家雷宜锌为马丁路德金塑像始末

玫琅／紫瑄／著

中国社会出版社

图书在版编目（CIP）数据

岩石上的梦想/玫琅，紫瑄著. —— 北京：中国社会出版社，2011.10
ISBN 978-7-5087-3716-4

I.①岩… II.①玫… ②紫… III.①雷宜锌－传记 IV.①K825.72

中国版本图书馆 CIP 数据核字（2011）第 212877 号

书　　名：岩石上的梦想
著　　者：玫琅　紫瑄
责任编辑：王晓翔

出版发行：中国社会出版社　　　邮政编码：100032
通联方法：北京西城区二龙路甲 33 号
　　　　　电话：编辑部：（010）66063028
　　　　　　　　邮购部：（010）66060275
　　　　　　　　销售部：（010）66080300　　传真：（010）66051713
　　　　　　　　　　　　（010）66051698　　传真：（010）66080880
　　　　　　　　　　　　（010）66080360　　传真：（010）66063678
网　　址：www.shcbs.com.cn
经　　销：各地新华书店

印刷装订：北京盛天行健印刷有限公司
开　　本：185mm×246mm　1/16
印　　张：12.00
字　　数：100 千字
版　　次：2011 年 10 月第 1 版
印　　次：2011 年 10 月第 1 次印刷
定　　价：49.00 元

目 录

序	001
作者絮语	003
开场白	001
第一章　盛况	006
第二章　机遇悄然而至	014
第三章　寻找雷宜锌	024
第四章　复活马丁	036
第五章　风雨欲来	046
第六章　硝烟弥漫	052
第七章　理解和支持	064
第八章　青少年时代	072
第九章　声名鹊起	080
第十章　雕像的完成	100
第十一章　每个人的《遐想》	114
第十二章　友谊之桥	124
第十三章　石匠的抗议	138
第十四章　幸福与满足	146
第十五章　最后的旅程	160
第十六章　揭幕	170
第十七章　应许之地	179
马丁·路德·金、雷宜锌及纪念园年表	182

序

当时我们刚刚专程去了意大利佛罗伦萨,为华盛顿国家广场的马丁·路德·金纪念园的一个主体雕塑寻找石材和艺术家。回来后一周,我们在互联网上搜索,发现明尼苏达州圣保罗市有一个国际石雕研讨会。在圣保罗专科学校宽阔的场地上,满地的石块正耐心地等待着艺术家们的妙手雕琢。这些艺术家来自世界各地,包括意大利、津巴布韦、埃及、中国、德国、芬兰、墨西哥、日本和美国。他们创作的精美艺术品将是赠给圣保罗市的礼物。

抵达后我粗粗一瞥,其中一位艺术家的设计和创作显然是卓而不群的。通过与几位艺术家的交谈,我们得知这位令我们仰慕的艺术大师是来自中国长沙的雷宜锌。

就在遇见雷宜锌的六年前,纪念园的设计竞赛结果即将揭晓,马丁·路德·金的遗孀珂芮达女士和我谈了一次话。为了回应她对该设计的支持,我向她保证,纪念园一定会体现她先夫为种族平等而努力的一生和他的精神遗产,表达出他当之无愧的气节和尊严。随着时间流逝,寻找一位胜任的艺术家成为整个工程中最让我殚精竭虑的事情:如果主体雕塑没法达到我的预期,这项工程怎么能成功呢?更不用说我对金夫人的承诺。

和雷宜锌的第一次交流,我们用艺术的通用语言克服了中英文不通的障碍。他给我看了两本画册,他的素描集和雕塑作品集。我仔细地一页页翻过,很显然,雷是一位才华横溢的艺术家和雕塑家,但引起我注意的却是另一方面。这位艺术家能抓住作品中人物或对象的灵魂,以一种无可名状的表现力,使之跃然纸上,或者让石块栩栩如生。

我向他介绍了马丁·路德·金的项目,他毫不犹豫地说:"我能在十三个月内做完。"

两个月后,雷先生提交了《希望之石》的创作初稿,他说:"我决定请金博士

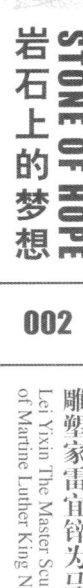

从岩石中走出来,因为金是人类希望的象征,而且,金是一位斗士,一位和平的斗士。"听到这些话,我就知道,设计建造这样一个无愧于金的精神遗产的纪念园主体雕塑,我已找到最合适的人选。

"出自绝望之山的希望之石",这句名言选自金博士1963年在林肯纪念堂台阶上的演说《我有一个梦想》。ROMA设计事务所的建筑设计者们用实际形态诠释了这个具有象征意义的设计理念,雷宜锌则通过捕捉人物的精神面貌,给这个设计赋予了真正的生命。这个形象让我兑现了对金夫人的承诺;这座雕塑以正直、相互尊重和尊严体现了马丁·路德·金的精神遗产。我深信,没有雷宜锌大师的创造力,我们在这里,在这个潮汐湖畔,临近杰斐逊纪念堂和罗斯福纪念园的地方,就不可能取得成功。在一次对雷的采访中,记者说:"从此以后,金的精神遗产与雷的作品永远相连。"

感谢上帝,让马丁·路德·金的精神与雷宜锌的艺术手笔交相辉映。

埃德·杰克逊博士
美国华盛顿马丁·路德·金国家纪念园总建筑师
2011年7月15日

作者絮语

  时空浩渺，人生短暂，渺若微尘。精神的追求和艺术的造诣与成就可以让有限的人生如花灿烂，意义深远。

  相比于人类进化历经数百万年的旅程，近200年的文明史可以说是高度浓缩了人类对人性的认识，抗争和追求。站在已是网络时代的WEB3.0的门槛上回顾美国历史，难以想象100多年前还存在的奴隶制度，非裔在1870年才获得平等的公民投票权；人们似乎也更忘记直到1919年美国妇女才获得平等的投票权。甚至直到1967年美国还有11个州有法律限制黑人和白人通婚。人人生而平等，看似理所当然的简单真理，落实在每个个人，每个群体，每个种族，每个国家，都仍是"路漫漫其修远兮"。《我有一个梦想》也仍然是很多人的梦想。可贵的是，人类对真理的追求不曾放弃，历史也将作出公正的判断。

  紫瑄和玫琅能携手完成此书，回想起很多个灯下无眠的夜晚，是一种缘分。很感谢我们各自的先生和儿子的无私奉献，支持和鼓励。

  很有幸作为朋友，我们目睹了雷宜锌老师，石洁莹老师，以及他们的儿子石可5年风雨走过，带领他们的团队完成了马丁·路德·金纪念园的雕塑这么一件意义非凡的创作。如果说这段历程是他们人生交响曲中的一个华彩乐章，交织在时代的宏音之中；我们也要感谢他们的友谊和信任，那些和他们同喜同悲的时刻也是我们生活中的奏鸣曲。

  伴随着和雷老师一家的友谊，我们和明尼苏达州的城市规划师卢伟民先生，圣保罗公共艺术协会的克里斯汀女士，美中友协的何之霓女士都成了好朋友。与美中关系协会创始人熊京明先生的友谊也多了更深层的合作。与马丁·路德·金纪念园总建筑师埃德·杰克逊博士一见如故，让我们有了作为普通人参与历史的机缘，了解了很多细节和背后的故事，拍下了一些具有历史意义的照片；儿子也有机会体验了很多也许将来会让他珍惜回味的有意义的时刻。很感谢杰克逊的助手米尔科女士，总像老朋友一样关照我们。

  2010年圣诞聚会，我曾问雷老师，这个工程带给他最大的感触是什么，雷老师说："做这个项目让我更爱国了。那些曾经发生过的争议和误解，时时让我感到我是代表中国，代表中国的艺术家在做这个工程。"那种自豪，那种自信，让我印象尤深。

  2011年8月28日，纪念园的官方庆典由于飓风登陆而延期，但我们和雷老师一家仍然如约来到纪念园。随后我们和杰克逊博士共进午餐，我禁不住感叹普通人在历史长河中的使命，杰克逊笑着说："你我都可以算是普通人吧，但如果你把雷大师也称作普通人，我可不能同意。"我一直都知道雷老师与杰克逊之间的友谊深厚，交谈至此，我深深感动。

  书中的图片资料非常丰富，除了我们亲历事件的拍摄，大部分图片及资料是雷老师多年的积累，由雷宜锌艺术工作室（美国）提供。在此基础上，马丁·路德·金纪念园基金会提供了关于纪念园国际竞赛和ROMA的获奖方案的资料，卢伟民提供了圣保罗和长沙友好城市交流的历史照片和石雕研讨会的图片，圣保罗公共艺术协会提供了关于修复《遐想》的资料图片。在此表示衷心感谢。

  对于紫瑄来说，这本书也是一份礼物，送给在远方的爸爸妈妈，谢谢他们的培养。他们和雷老师石老师的友谊让我们远隔万里也觉得很温暖。思念永远牵挂远在天堂的外祖父母，童年的关爱陪我走遍千山万水，仍然心系湖南。感谢中学的语文老师，让我一直热爱写作。也感谢如星光般给我照耀的朋友。

  最后，感谢读者的厚爱和支持！

紫瑄，玫琅
2011年10月于美国
本书博客：http://blog.sina.com.cn/dreamonrock

开场白

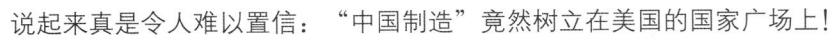

说起来真是令人难以置信:"中国制造"竟然树立在美国的国家广场上!

如果是在一二十年前,这简直就是天方夜谭。时至今日,中国制造的产品遍及世界各地。从服装鞋帽到五金家电,从文具玩具到美术工艺,从家居家具到建材装修,在林林总总的美国商店里,想找到一家毫无中国产品的商店,基本上是不可能的。但是,商场和国家广场是完全不同的两个概念。

为了理解这件事的重大意义,我们可以作一个简单的比较。比如说,电视台要制作一个节目,向世界人民介绍中国,介绍首都北京。节目开始的第一个镜头,很自然是从天安门广场开始,天安门城楼、人民英雄纪念碑、毛主席纪念堂、人民大会堂和国家博物馆。因为天安门广场毫无疑问是中国最重要最具标志性的地方。而如果这个节目要介绍美国,介绍其首都华盛顿,第一个镜头则会从国家广场开始。

这是一个横亘东西的狭长地带,东起国会山,西至林肯纪念堂,华盛顿纪念碑位于正中,白宫在这个狭长地带的正北,坐北朝南,面向国家广场。这里有美国的政治中心————国会山;历史上最伟大的几位总统的纪念地,即华盛顿纪念碑、杰斐逊纪念堂、林肯纪念堂、罗斯福纪念园;还有历次战争纪念园,第一次世界大战、第二次世界大战、朝鲜战争、越南战争纪念园;这里还是美国最顶尖的博物馆群,美国历史博物馆、航空航天博物馆、自然历史博物馆、国家艺术博物馆、史密森尼学会等;这里还是美国各大国家机构所在地财政部、司法部、劳工部、农业部、联邦调查局、档案馆等。可以毫不夸张地说,这里就是美国的政治文化中心,是这个国家的心脏。

在这样一个国家标志性的广场上,不要说外国人,即使是美国人自己想放一小块方砖,也要经过从众议院到参议院,最终到现任总统本人的层层审批。真是谈何容易。

中国艺术家雷宜锌却将自己的作品,一座高近9米的巨型花岗岩石雕人像,安放在国家广场的西南角,马丁·路德·金国家纪念园中。这座石像的左侧底座上刻着他的签名,"雷宜锌,12.30.2010"。

雷宜锌是谁?他凭什么把作品放在美国的心脏————国家广场上?

如果你还不知道雷宜锌的鼎鼎大名以及他与马丁·路德·金国家纪念园的故事,没关系,你就要知道了。

雷宜锌,这位雕刻马丁·路德·金石像的中国艺术家,成功地再现了这位一生为受欺凌的弱势群体而战的人道主义者,他的作品被永久地陈列在美国国家广场。他使"中国制造"矗立在美国政治文化中心,形象地诠释着马丁·路德·金所曾经为之奋斗的、各种族各民族和平共处的信念。他的名字从此与那位名垂青史的英雄紧紧地联系在一起。

这是一个充满人生戏剧的故事,梦寐以求的机遇,轰动大洋两岸的成功,美国舆论的猛烈炮火,跨越国界的友谊之桥。诋毁紧跟着荣誉,敌意衬托着友情,世间尘嚣考验着艺术追求,有限的人生思考着历史的永恒。

STONE OF HOPE
岩石上的梦想

004

雕塑家雷宜锌为马丁·路德·金塑像始末
Lei Yixin The Master Sculptor of Martin Luther King National Memorial

1. 北京天安门广场
2. 人民英雄纪念碑
3. 国家博物馆
4. 国家大剧院
5. 毛主席纪念堂
6. 人民大会堂

1. 美国华盛顿国家广场
2. 杰斐逊纪念堂
3. 林肯纪念堂
4. 越南战争纪念园
5. 华盛顿纪念碑

第一章　盛况

2011年8月28日，在美国首都华盛顿，这是一个非同寻常的日子。街道上的宣传旗幡，公交车上的公益广告，各大报纸、杂志、电视及网络传媒的报道，全都指向这一天：马丁·路德·金纪念园将在国家广场正式揭幕。

届时，美国各界政要名流，包括奥巴马总统本人都将出席典礼。揭幕仪式也同时向数十万公众开放。

纪念园占地4英亩，位于国家广场西南角。华盛顿纪念碑、林肯纪念堂、杰斐逊纪念堂在这里形成一个三角形地带，马丁·路德·金纪念园就坐落在这个三角形地带的正中。处在这三位伟大的总统中间，马丁·路德·金虽然只是一介平民，却毫不逊色。在20世纪60年代针对种族歧视的抗争中，马丁·路德·金是最关键的领袖。与三位总统一样，他也是一位创造历史的美国人，实在是一位无冕之王*。

纪念园临水而建，是一个风景园林，隔着潮汐湖与杰斐逊纪念堂遥遥相望。它以石、水、树三个主要风景园林元素为主，分别代表了纪念园的三个主题，希望、正义和生命。一面总长1000英尺（约300米）的弓形墙面回应了湖岸的曲线；弓形墙体的两侧，分别有自上而下的水幕；马丁·路德·金一生各个时期的重要名言，铭刻在弓形墙上，沿着两翼向两侧延续展开；园内遍植林木。

弓形墙中间打开一个缺口，两座名为《绝望之山》的背景石雕分别立于两侧，一座高达28英尺6英寸（约8.7米），名为《希望之石》的马丁·路德·金花岗岩雕像，从两座《绝望之山》中滑出，面朝湖水。这就是每一个参观者都会第一时间前去致敬的，纪念园的核心主题，马丁·路德·金石雕像。在《希望之石》上，马丁·路德·金的形象从身后的石山中浮出，他双手环抱在胸前，左手握住一卷书稿，双腿微微分开，笔直站立着，雕像自膝盖以下仍融在岩石中。其设计理念出自那篇名扬天下的演讲《我有一个梦想》。马丁·路德·金在演讲中说："凭着信念，我们将能从绝望之山中，劈出一块希望之石！"

这三座花岗岩石雕由159块巨石组成，总重1764吨，正是来自中国的雕塑家雷宜锌的杰作。《希望之石》比原先国家广场上最高的人像雕塑，林肯总统像高出了9英尺半（约3米），是迄今为止，华盛顿国家广场上最高的人像雕塑。

---

*注释：马丁·路德·金的姓为King，英文中原意是国王

  作为这个备受瞩目的纪念园的主创艺术家，雷宜锌的名字和照片频频出现在各大媒体报道中。他披着长发，上唇留着一撇短髭，戴着一副眼镜，美国人常常称他为"中国雷"。他在过去几年里给美国社会带来的震动，很多人还记忆犹新。

  经过15年的筹备和建造，花费1.2亿美元，位于华盛顿国家广场的马丁·路德·金纪念园已于2011年8月22日向公众试行开放。在星期日的正式揭幕典礼之后，纪念园的一切管理事宜将由基金会移交给美国国家公园管理局。

  《华盛顿邮报》从2011年8月22日开始，每天在头版刊载一篇关于马丁·路德·金纪念园的报道，从介绍纪念园基金会，到园区首次向公众开放的情况；8月24日更是用一个长达24页的特别专栏，全面介绍纪念园设计与建造情况、地理位置和环境，重温马丁·路德·金的精神遗产对美国的历史影响等。

  向公众开放的第一天，纪念园接待了来自全美各地、各种族、各肤色的人们。他们轻松愉快，仿佛在参加一个社区聚会，开心地与陌生人交谈，互换相机，在马丁·路德·金的雕像前拍照留念。而在这些笑容中间，人们也看到泪水滑落。"没有金博士，就没有今天的我们。"一些上了年纪的黑人对当年的惨痛经历仍然心有余悸，那段历史对他们来说是切肤之痛。仰望马丁·路德·金的仿佛死而复生的面容，他们的感激之情如此诚挚。

  在这一周里，纪念园基金会同时还举办了为期5天的相关活动。专题音乐会、社会活动家午餐会、妇女代表聚会、青少年主题活动、纪念园捐助单位展示会等，作为星期日揭幕典礼的序幕。

STONE OF HOPE
岩石上的梦想

008

雕塑家雷宜锌为马丁·路德·金塑像始末
Lei Yixin The Master Sculptor of Martine Luther King National Memorial

1. 2011年8月22日雷宜锌与参观纪念园的游客合影
2. 雷宜锌与美国前国务卿奥尔布赖特、马丁·路德·金儿子女儿、基金会成员合影
3. 雷宜锌为妇女领袖代表会成员签名
4. 2011年8月28日飓风过后纪念园游人如织
5. 华盛顿街头宣传彩旗

然而这一周，就如同纪念园的建造过程一样，注定充满动荡和风风雨雨，无法平静。

2011年8月23日星期二下午1点51分，华盛顿地区突然发生里氏5.8级地震。虽然震级不大，但由于美国东部地区的地质构造较为坚硬，地震影响范围较大，成为自1944年以来，美国东部地区最大的一次地震。当天下午，由于人们全都急于在震后赶回家，交通陷入瘫痪状态；手机网络完全阻塞，无法接通。华盛顿地区多处建筑受损，国家大教堂受到损坏，塔尖断毁；国家广场上的华盛顿纪念碑也出现明显裂缝，对公众关闭进行检修。

马丁·路德·金纪念园基金会所进行的几项相关社会活动，也因为活动地点的建筑受损，而改往别处举行。纪念园区却相当平静，质量检测部门对园区进行了例行检查，未发现任何损坏。基金会总建筑师埃德·杰克逊博士后来对我说，他从未担心此次地震会对纪念园造成任何损坏。雷宜锌作为主创艺术家也在这一周参加了各种社会活动。他甚至没有在震后第一时间去纪念园察看石雕的情况。因为他与杰克逊都深信，纪念园及石雕的坚固程度，绝不是区区里氏5.8级地震就能够损伤的。

就在此时，一个热带风暴"艾琳"在加勒比海形成，狂风挟着暴雨，呼啸着向美国东海岸袭来，沿海各州发布了预警，紧急疏散海岸地区居民。华盛顿地区虽然依旧平静，但居民们也开始储备饮水和干粮，以防飓风登陆可能引发的断水断电情况。

马丁·路德·金纪念园的各项活动照常举行，地震对纪念园的影响微乎其微，热带飓风也不能将其撼动分毫。星期四上午，国家广场大雨倾盆，纪念园区内的游客依然络绎不绝。据预计，飓风"艾琳"将于星期六晚间到达华盛顿地区。

出人意料的是，星期四晚间，纪念园基金会主席哈里·约翰逊宣布，因为考虑到飓风的影响，星期日的天气情况将会给来宾们造成潜在危险，原定于星期日由奥巴马总统主持的揭幕典礼被迫取消，将延迟举行。

这真是太令人失望了！成千上万的人们正从美国各地赶来，都希望见证星期日的揭幕典礼。1963年8月28日，马丁·路德·金站在国家广场的林肯纪念堂的台阶上，面对25万美国人发表了《我有一个梦想》的著名演说，谴责和反抗种族歧视，改变了美国历史，将平等的权利归还黑人；而48年后的这一天，美国历史上第一位黑人总统将为历史上最有影响力的黑人公民的纪念园揭幕。这将是一个具有历史性意义的时刻。

现在，飓风"艾琳"让美国东岸各地蒙受损失，使举步维艰的美国经济雪上加霜，同时又破坏了这一精心安排的历史时刻。

但与此同时，纪念园却不受影响，从星期五开始正式对游人开放。不论是什么样的阴晴雨雪，即使官方的揭幕仪式改期，8月28日那一天民众都会有属于自己的一个庆典。

8月28日上午，天空依然阴沉，雨却已经止了。飓风肆虐了一整晚，国家广场遍地是折断的树枝，被狂风撕扯开的标牌倒在地上。48年前的同一天，马丁·路德·金在国家广场的林肯纪念堂前，发表了他那篇激动人心的演讲《我有一个梦想》。今天，人们来到马丁·路德·金纪念园，这里与林肯纪念堂遥遥相望。他们再次聚集在这位著名的黑人公民曾经的梦想之下，心怀自由与正义，缅怀他在短短一生中为这个世界共同的梦想所作的卓越的努力与牺牲。

虽然揭幕典礼已经取消，雷宜锌还是如期来到纪念园。他一出现就被人群围住。实际上，自从纪念园对公众开放以来，他在这里的每一次出现，都会引起不小的骚动。由于媒体的大量报道和照片，游客们对他的形象已经十分熟悉，毫不费力地认出他就是雕像的作者。雷宜锌被团团围住，人们纷纷与他握手，感谢他的杰作，要求与他合影，并拿着自己手里的纪念园导游手册请他签名留念。就连在纪念园外的独立大道上执勤的警察，也在雷宜锌经过时上前与他握手，盛赞他的作品。

有些细心的游客向雷宜锌提出各种各样的问题，诸如，为何选用此种花岗岩，石雕中的马丁·路德·金的眼光望向何处，雷宜锌都通过翻译一一解释。纪念园的

守园人常常带着游客来找雷宜锌求助："我们应付不过来了,他们的问题只有你能回答。"

上午11点,奥巴马总统原定于此时在这里发表讲话。现在人们却徘徊在名言墙边,聆听马丁·路德·金的无声演讲:

"黑暗必不能驱除黑暗,唯有光明能;仇恨必不能消除仇恨,唯有爱能。"1963年,爱之力量。

"我相信,手无寸铁的真理和无条件的爱,将是现实中的终极真言。因而暂时退败的义,比高奏凯歌的恶更强大。"1964年,挪威奥斯陆。

"任何一处之不义,即为所有各处正义之威胁。我们身不由己,陷入相互依存之网,捆绑在同一条命运之绳上。无论何事,都将牵一发而动全身。"1963年,伯明翰。

"一个人的最终衡量标准,不是视其在舒适与便利的时刻立于何处,而是视其在面对挑战与争议的时刻立于何处。"1967年,洛杉矶。

"若要达成地球上的安宁,我们的信念必得一致,而不是各自为政;我们的信念必得超越种族、部族、社会阶层和国家。这意味着我们必得培养国际视野。"1967年,亚特兰大。

"我大胆地相信,世界各地的人民为着身体一日有三餐,为着心智有教育和文化,为着精神则有尊严、平等和自由。"1964年,挪威奥斯陆。

虽然相隔近半个世纪,这些话语仍是掷地有声,闪耀着人性之光,回响着智慧之音。

在揭幕典礼的原计划中，一个时间密封箱将装入马丁·路德·金家人、奥巴马总统以及纪念园基金会所选择的一些物件，进行真空封装，深埋入纪念园地下。50年后才能将它开启，作为赠给下一代的礼物。密封箱上方的大理石地砖的背面，将刻有关于纪念园建成的资料，其中包括雷宜锌的名字。

8月28日这一天没有时间密封箱，却有43名身穿黑色T恤的非裔男孩列队走进纪念园。他们是来自俄亥俄州克利夫兰市的黑人高中学生。在老师的带领下，他们驱车8小时到达华盛顿，前来参加马丁·路德·金纪念园揭幕庆典。他们的黑色T恤上写着三个人的名字：圣雄甘地、马丁·路德·金、奥巴马总统。他们在T恤的胸前提出问题，"谁是下一个？"

T恤背后印着的回答为，"我是！"

这些年轻人在雕像周围手拉手合影，马丁·路德·金的眼光越过他们的头顶，沉思着望向远方；男孩们高举手臂仰望着他，年轻而自信的背影留在游客们的相机镜头中。

虽然人们还不知道，那个神秘的时间密封箱里到底会放入什么样的礼物，可是对于年轻一代来说，没有什么比马丁·路德·金的精神遗产更珍贵。

8月28日这一天，我站在林肯纪念堂前，脚下的大理石上铭刻着"马丁·路德·金于此发表《我有一个梦想》演说"。正前方最远处是国会大厦，中间的华盛顿纪念碑犹如利剑直刺苍穹。这里视野开阔，成群的飞鸟在树顶盘旋。

在美国国家广场所纪念的历史人物中，另一位因遭暗杀而终的领袖就是林肯总统。林肯纪念堂是希腊神庙式建筑，一共有36根大理石柱，象征林肯被暗杀时联邦政府的36个州。纪念堂特意选用了来自于马萨诸塞州、科罗拉多州、乔治亚州、田纳西州、印第安纳州、阿拉巴马州的特色各异的大理石，以象征曾经深度分歧的国度可以在伟大意义的感召下而统一。林肯总统解放了黑奴，然而在林肯纪念堂的揭幕仪式上，白人听众和黑人听众却是分开的，甚至仪式上的黑人演讲嘉宾罗伯特·默顿也未能就坐于演讲席上。人们为何总是自相矛盾？

林肯纪念堂建成之后40余年，在废奴百年宣言纪念活动中，25万美国人齐聚在这里，从林肯纪念堂的大理石台阶直至华盛顿纪念碑脚下。他们聆听马丁·路德·金的演讲，为平等自由而抗争。那时候，他们不能与白人同校、同座，出门旅行不能住同一间旅馆，死后不能埋葬在白人的墓地。从生到死，他们被看成是传染病人一般，与白人主流社会隔离。不但是黑人、犹太裔、阿拉伯裔、亚裔、拉美裔，凡是肤色带有任何一种颜色，都被看成低人一等。

正是当年的那场运动，尤其是马丁·路德·金的演说，促成了第二年美国国会通过《民权法案》，结束了种族隔离和歧视政策。《我有一个梦想》也被视为美国历史上最出色的三大著名演说*之一。

似水流年，48年时光逝去。今天的美国，所有人不但可以同校同车，如果愿意，谁都可以坐头等舱。黑人和其他有色民族不仅与白人可以平等合作，合法通婚，有些人甚至成为大众偶像。来自中国的艺术家雷宜锌，在全球的艺术家中脱颖而出，将自己的签名留在国家广场上。

我们处于一个多么幸福的时代，马丁·路德·金似乎已成为过去时代的伟人。

我环顾四周，悄然自问，所有的不公，所有的不义，所有的痛苦，真的都已经过去了吗？今天的纪念园，人们建造它仅仅是对逝去的黑暗历史的追忆和感慨吗？

---

*注释：美国历史上三大著名演说，1863年南北战争期间，林肯总统的《葛底斯堡演说》。1941年，日本偷袭珍珠港之后，罗斯福总统的《国耻日演说》。1963年"进军华盛顿"运动中，马丁·路德·金的《我有一个梦想》。

第二章 机遇悄然而至

自从1990年担任湖南省城市雕塑委员会主任,雷宜锌多年来忙于湖南各城市尤其是长沙市的城市雕塑的创作施工。接受工程、设计作品、制作安装,使得他无暇他顾。2006年年初,他收到一份来自美国明尼苏达州的邀请,请他作为中国雕塑家的代表,参加在明州圣保罗市的国际石雕研讨会。作为湖南雕塑院院长,雷宜锌早已习惯接到各种各样的邀请。这份来自远方的邀请,当时并没有引起雷宜锌的注意,很快被忘记了。

明尼苏达州位于美国中部,紧邻加拿大,被称为"北星之州"。那里的早期移民多数来自北欧,使该州文化带有浓厚的斯堪的纳维亚色彩。明州地广人稀,冬季酷寒,居民如北欧人一样喜欢户外运动。或许是大量的户外运动给予他们的大脑提供了充足的氧气,明州的文化教育事业生机勃勃,一直有着深厚的艺术传统。首府圣保罗市和最大城市明尼阿波利斯隔着密西西比河一衣带水,两个城市都有自己的交响乐队,时常到卡耐基大厅*演出。与滚石乐队齐名的鲍勃·迪兰,出生于明州,在州立大学完成艺术教育。他被认为是20世纪美国最重要、最有影响力的民谣歌手,并被视为20世纪60年代美国民权运动的代言人。才华横溢的作家斯科特·菲茨杰拉德也在明州出生长大,他的长篇小说《了不起的盖茨比》(又译《大亨小传》)堪称美国"爵士乐文学"的经典作品,常被誉为20世纪最伟大的英文小说之一。同样出生于明尼苏达州的查尔斯·舒是一位漫画家,他的名字也许并不为人所熟知,但他创作的《花生漫画》(Peanuts)系列风行50年,将小狗史努比和小男孩查理·布朗这两个可爱的卡通人物带给全世界,拥有的读者超过3亿。

明尼苏达州又是一个盛产石材的地区。地质地貌的多样性,给予明州丰富的石材资源。砂岩、石灰石、花岗岩、玄武岩、洞石构建了明州各个城市的建筑和桥梁,也以不同的艺术形式,点缀着城市的景观。明州首府圣保罗市举办国际石雕研讨会源自一个迷人的梦想。

20世纪50年代的"冷战"时期,奥地利和匈牙利虽然世代比邻而居,在当时却

---

*注释:卡耐基大厅位于纽约,是美国古典音乐与流行音乐界的标志性建筑,以历史悠久、外形美观以及声音出色而著称,能够在这里登台演出亦成为跃登古典与流行乐坛成功的标志。

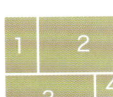

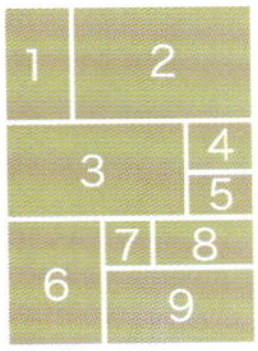

1. 圣保罗教堂　　　　　2. 位于密西西比河畔的圣保罗市中心
3. 明尼阿波利斯市中心　4.《樱桃桥》雕塑　　　5. 盖希尔大剧院
6.《遐想》雕塑　　　　7. 查理·布朗和"花生"　8. 沃克现代艺术中心
9. 维斯曼博物馆

是敌对国。一位奥地利艺术家在两国的边境上,即他自己的家乡,举办了一个来自各国的石雕艺术家的聚会。他们如同古希腊的艺术家哲学家们一样,一边享用葡萄美酒,一边畅所欲言地交流。没有敌对,没有隔阂,他们的石雕作品中闪烁着无可言喻的兄弟情谊及对和平的愿望。在那个笼罩着恐怖的冷酷年代,欢畅的聚会犹如冬日炉火融化坚冰,打动了每位参与者的心。近半个世纪以来,这种艺术家的聚会已经流传到全世界各地。在这样的聚会中,语言消失了,民族消失了,国家消失了,唯有艺术家们的石雕留在世界的各个角落,代表他们诉说着彼此的梦想。

2006年,秉承了当年奥地利艺术家的理想,经过几年的酝酿,明州圣保罗公共艺术协会终于着手举办国际石雕研讨会。他们通过多种国际交流渠道,在世界范围寻找合适的艺术家代表,又委托当地的侨民团体,在他们的祖国寻找艺术家代表前来圣保罗市参加这个活动。中美友好协会明尼苏达州分会的理事何之霓女士回到她的家乡长沙,那也是圣保罗市的姐妹城市,她联络了很多艺术家,希望能为研讨会找到一位艺术精湛的中国雕塑家。湖南省雕塑院院长雷宜锌赠给她一本自己的作品集。圣保罗公共艺术协会研究了众多的艺术家的作品,在湖南省推荐的艺术家中选中了雷宜锌。

雷宜锌对此一无所知,作为享受国务院津贴的艺术家,他的时间非常宝贵,扔下手边所有的事情,参加这个为期一个月的研讨会,对他来说太奢侈了。陌生的邀请被抛诸脑后,直到一位朋友向雷宜锌夫人石洁莹偶然提起此事。这位朋友恰好是何之霓的亲戚,对石雕研讨会的情形略知一二。石洁莹这才了解到这个石雕研讨会的背景,她立刻被吸引了,并且说服了雷宜锌去参加这个半个地球之遥的艺术家的聚会。

没有人把这件事当真,同事和朋友们都觉得有些不可思议。雕塑是艺术界的"重工业",艺术家在很多事情上需要助手,尤其是大型雕塑,往往需要一个团队的支持。作为一个雕塑系毕业的专业美术家,雷宜锌做过无数雕塑,从大型城市雕塑到小型架上雕塑。他拥有一个助手团队,合作多年,彼此熟悉了解。而石雕研讨会只邀请艺术家前去,谁也不能携带助手,完全靠艺术家自己完成作品。这对雷宜锌的工作习惯,也将是一个相当大的改变。所以朋友们都劝雷宜锌说,"像研讨会这类事,只有年轻人才会参加。你这么大年纪,老远地跑去,人生地不熟,连助手都没有,去吃那个苦做什么!"

对于各种反对雷宜锌参加石雕研讨会的声音,石洁莹不以为然,她坚持说,

"不走出去，怎么能看得见更宽广的世界？"

周围的人大都觉得，这个所谓的什么国际石雕研讨会，举办者并非是国际知名的艺术机构。他们虽然提供来回机票和食宿，参与者也有津贴，但比起在国内做项目的收入，要少得多了。既然是一件无名无利的事情，万里迢迢跑去参加，无疑是件傻事。但他们所有人都错了。

机遇并非总是郑重其事，头戴金冠，身披华服地到来；有的时候，她打扮成一封普普通通的，看似无关重要的邀请信，不期而至。雷宜锌绝对没有想到，这件"傻事"将会给他今后的人生带来多么大的影响。也许就连石洁莹也没有预感，这次出行将会在广大的世界上遇见什么。

不过，这次美国之行从一开始就不太顺利。

雷宜锌一直有些犹豫，甚至想推荐另一位年轻雕塑家代替自己前去。到美国参加国际石雕研讨会，没有助手对他来说不是太大的难题。在艺术创作上，雷宜锌有绝对的信心，只是自己多花费些体力而已。他感到头疼的第一个障碍是语言。自己不懂英文，到了美国不是跟聋子哑巴一样了吗？连最简单的交流都不可能，何谈"研讨"呢？

还有另一个难题。语言不通尚且可以请翻译帮忙，而另一个难关，雷宜锌想，是几个星期没有湖南菜吃，这可怎么办？他虽然在艺术天地中天马行空、纵情驰骋，在现实生活中却很少离开土生土长的家乡湖南。他唯一一次离开家乡是到广州美术学院读书。因为学业优异，美院请他毕业后留校执教，但是雷宜锌还是选择了回到长沙。他的人生好像一棵树，根深深地扎在湖南的土地上，离开火辣辣的湘菜的滋养，那真是不可想象。

雷宜锌决定向石雕研讨会提出与夫人同行。石洁莹有一手好厨艺，又懂英文，她将是自己的耳朵和嘴巴。后来的事实证明，石洁莹的同行是他们这次美国之行大获成功的重要因素。

对于这个要求，石雕研讨会的负责人克里斯汀·波达斯·拉森女士有些意外，也有些为难。石雕研讨会邀请了世界各地的艺术家，但只邀请本人，家属和助手都不在邀请之列。因为这只是一个短期聚会，按照惯例，艺术家们将同吃同住同行。夫人的加入，使得雷宜锌一行的食宿都必须另行安排；夫人的赴美签证也必须另行申请。

但雷宜锌的情况确实有点特殊，他既不懂英语，又从未参加过此类交流活动。

其他艺术家都可以用英语交流。他们中有的人不仅多次参加过国际性艺术交流活动，而且彼此之间早已相识。克里斯汀主持圣保罗公共艺术协会将近20年，不仅是一位有决断的女性，而且完全知道怎样应付各种各样的困难。考虑到雷宜锌的特殊困难，为了研讨会的顺利举行，她决定同意雷宜锌的要求。她首先通过明尼苏达州参议员的帮助，为石洁莹申请到签证，又委托中美友协为雷宜锌一行安排住处，以求符合他们生活习惯。不但如此，她还请自己的好友卢伟民先生为雷宜锌担任艺术翻译。卢伟民早年就学于上海交通大学，后由台湾来到美国，是一位成就卓著的城市规划师。由他来担任翻译，再合适不过了。

一切准备就绪，雷宜锌和石洁莹飞越太平洋，来到明尼苏达州的首府——圣保罗市。

5月的圣保罗市，阳光明媚，气候宜人。石雕研讨会安排了一个室外的创作工场，位于圣保罗技工学院的校园，紧邻圣保罗大教堂，远眺明尼苏达州议会大厦。巨大的石块从明尼苏达州各个不同采石场运来，大多高2米，形状不一，质地各异，散落在绿色的大草坪上。由艺术家们选定自己的石块就地进行创作。

雷宜锌选中了一块米色的石灰石，心中默默构思着题材，他需要一个既富有中国艺术特色，又易于为其他民族所理解的形象，来表达超越国家界限的雕塑艺术的美。与往常一样，进入创作状态的雷宜锌，他的思绪全都被自己将要完成的作品所占据。一切生活安排都交给了石洁莹。

参与研讨会的艺术家，6位来自明尼苏达州本地，另外8位分别来自意大利、墨西哥、德国、埃及、津巴布韦、芬兰、日本和中国。来自国外的艺术家的住处就在视觉艺术学院的大学生宿舍，由研讨会安排一日三餐。白天在创作工场中工作时，则提供点心和饮品。

雷宜锌夫妇没有与其他艺术家住在一起。中美友协虽然考虑到他们的生活习惯，但安排的住处离研讨会的工场较远，也不太方便与其他艺术家交流。雷宜锌夫妇并无怨言，但当克里斯汀偶然听说他们的住所附近有吸毒者出入，就立即来到他们的住处。她对中美友协的安排感到不妥，对于自己忽视了这个重要的安排而感到十分内疚。她马上着手联系了另一住处，邻近创作地点，也便于与其他艺术家的交流，为解决交通问题，她和家人不厌其烦在上下班的路上绕道接送雷宜锌夫妇。

实际上，与其他艺术家的交流，大部分都是由石洁莹来完成的。大家在创作的

1	2
3	4

1. 雷宜锌石洁莹在《遐想》的石料前合影　　2. 雷宜锌在加工石料
3. 雷宜锌开始雕琢《遐想》　　4. 雷宜锌夫妇与克莉斯汀合影

间隙聊天谈笑，交流各自的创作经验，介绍自己的作品，介绍自己的国家，也倾听着别人的感想和意见。创作工场在中午以后完全对公众开放，圣保罗的市民们随时可以来观看艺术家们的创作过程，很多学校组织学生来现场体验观摩。人们喜欢在雷宜锌的作品附近观赏逗留，孩子们更喜欢那个总是热情微笑着的洛琪（Rocky，石洁莹的英文名字）。克里斯汀感觉到自己当初决定的明智，对于研讨会的参与可以说是由雷宜锌和石洁莹两个人共同完成的，一个埋头创作，一个参与交流。

　　雷宜锌却常常因为无法与热心的观众交流感到十分尴尬。因为太多观众想交流，石洁莹也不是一直陪在旁边，就只好帮他写了一块牌子："雷先生不懂英文，十分抱歉"。雷宜锌后来自嘲说,因为自己只能听懂"beautiful(美)"、"Good(好)"一些单词,所以总觉得观众在赞美自己的作品,自我感觉很良好。但他并非只是"自我感觉良好"而已。

刚刚参与研讨会时的雷宜锌,并不清楚与会其他艺术家的情况。研讨会不进行作品评比,也不设奖项,对于其他艺术家来说,这只是一次轻松的创作聚会。他们在凉棚下小憩,一边享用饮品美食,一边纵情谈笑。雷宜锌却像以往一样认真,绝大部分时间都在工作,工作,工作。当别人的作品还处于雏形时,雷宜锌的作品已经显山露水,趋于完成了。作品中所展现出的高超技艺令人一望而知,他人无法望其项背。与生俱来的形体感、深厚的艺术功底以及多年的经验,使得雷宜锌的创作炉火纯青。他可以直接在石块上切削打磨,以刀代笔进行创作,根本不用在石块上打底稿。与会的艺术家们常常在他创作时来观看,对于他的创作能力深感惊讶和折服。

有一次,一位艺术家对雷宜锌的作品提出一点改进意见,意思是在石头上画画底稿,与雷宜锌讨论切磋一下。没想到雷宜锌二话不说,提起刻刀就下手修改,吓得那位艺术家赶紧拦住,谨慎地解释说,只是一点个人意见,还需斟酌。参与研讨会的艺术家们翻看雷宜锌带来的作品画册,十分倾慕作品中的写实功力和艺术表现力。津巴布韦雕塑家拉扎瑞斯对石洁莹说:"你的先生雷太优秀了,我们都在他的阴影下。"而雷宜锌从不恃才自傲,他平和谦虚的个性让其他艺术家们愿意与他亲近,在艺术上交流中,语言不通成为一个次要的障碍,对艺术的热爱和追求,使他们结成惺惺相惜的朋友。

雷宜锌夫妇与克莉斯汀及其母亲合影

雷宜锌与石雕研讨会所有艺术家以酒会友

虽然艺术家们都十分推崇雷宜锌的能力和作品，但他们并未意识到，雷宜锌在创作上付出的时间和精力是他人的几倍，同时在体力上也承受着几倍的痛苦。这么多年来，在大型雕塑的创作过程中，因为有团队的支持，他得以集中精力在艺术表现上，而不是挥动电锯和锤凿。现在每天持续几个小时敲打坚硬的岩石，使得他每到晚上就感到浑身每一块肌肉都酸痛不已。这是他很多年来未曾有过的体力上的折磨。短短5个星期的研讨会结束时，他的体重下降了30斤。

当雷宜锌正挥舞着锯和锉，在烈日和石屑中挥汗创作时，机遇女神正默默地关注，并将垂青这位勤奋忘我的艺术家。

4周时间过去了，越来越多的人聚集在雷宜锌的工作场地。他的作品渐渐成形，一位美丽少女的脸庞在坚硬粗糙的岩石上浮现出来，细长的眉眼，若有所思的微笑，十指尖尖轻托脸颊，充满东方韵味。

在朝雨午晴的一个夏日，雷宜锌夫妇受邀参加了明尼苏达州湖南同乡会的夏日野餐聚会，度过了在美国最有湖南味的一个下午。当时他给大家介绍自己的作品，考虑给石雕起名《沉思》。来自湖南大学的杜安安女士建议，"这个名字让我想起罗丹的名作《思考者》，这个东方的女性应该有个更飘逸更富于想象的名字，《遐想》如何？"就这样，明尼苏达州的湖南人从此和雷宜锌夫妇《遐想》以及后来的马丁·路德·金雕塑都结下了不解之缘。

克里斯汀的多年好友、城市规划师卢伟民作为艺术翻译，总是每天到创作工场来协助雷宜锌夫妇的交流活动。研讨会安排艺术家们在圣保罗视觉艺术学院演讲，卢伟民负责雷宜锌在演讲中的翻译。当"早安！美国"电视节目到研讨会现场采访时，他帮助雷宜锌与主持人之间的交流。卢伟民付出自己的时间和精力，无偿地做着这一切，完全出于对圣保罗公共艺术协会的支持，对中美友协的支持，对克里斯汀的友情，更是出于对同胞的亲情，还有对于雷宜锌艺术的钦佩之情。他是那么谦和低调，以至于我当时根本没有意识到卢伟民本人也是一位享有国际声誉的城市规划大师。他主持了明尼阿波利斯、圣保罗、达拉斯等城市的改造规划，获得了里根总统颁发的"总统奖"，担任过中国、中国台湾地区、新加坡、日本等地的城市规划顾问，更于2002年担任北京奥运会"国际设计竞赛"的评委，特别推崇中国山水的理念在现代城市规划中的意义。他本人热爱艺术，尤其在中国传统书法上的造诣有独到之处。而此时的卢伟民也没有意识到，自己将要见证一个奇迹的发生。

"早安！美国"电视节目采访雷宜锌，卢伟民（左一）现场翻译

多年来，雷宜锌一向有午睡的习惯。一般美国人的工作安排都是从早到晚，没有午休，午餐时间也很短，通常只有半小时左右。所以石雕研讨会也没有安排艺术家们在中午的休息时段。好在雷宜锌是个随遇而安的人，哪里可以躺下来眯一会儿都行，他也不大在乎舒适与否。一天中午，石洁莹与其他艺术家谈天，而雷宜锌一向话不多，因为不懂英语，除了讨论作品，其他的话一天也说不上几句，整日埋头干活。这时他自顾自地躺在一棵大树的树荫下睡着了。石洁莹看到创作工场来了三位与众不同的客人，风尘仆仆，西装革履。他们与所有的艺术家认真交谈，看上去不是一般的访客，显然是负有某种使命而来。

杰克逊（左一）和他的助手麦朗（左三）与雷宜锌夫妇及卢伟民（右一）合影

  他们的到来和他们的问题，忽然间让大家的情绪都很兴奋。石洁莹听到只言片语，并不十分清楚其中的原因。然后听说这几位客人有一个雕塑项目要做，想找雷宜锌谈一谈。雕塑项目雷宜锌曾经做过无数，他们这个项目又会有什么不同？石洁莹有些犹豫，不知如何回答这几位客人，自己是否应当去把雷宜锌叫醒。三位客人听说她的先生在休息，已经准备离开了。旁边的艺术家都不禁着急，雷居然还在他的大树下呼呼大睡，他知不知道，自己将会失去什么样的机会呀！

  正在此时卢伟民出现了。他通常只在傍晚才来，今天却破例在中午来了。他听完介绍，也顾不上详细对石洁莹解释，立刻对她说，"赶快去把雷先生叫醒，这是一个天大的事情！"

  就连一向温文尔雅的卢伟民也如此兴奋，可见这确实是不同寻常的项目。雷宜锌被叫醒了，他仍然睡眼蒙眬，有些疲倦，听说又要做雕塑，心想"这一个都做得累死了，又来一个？"回到自己未完成的雕塑边，见到三位西装革履的客人正在等他。一个身材高大、目光炯炯的黑人向他伸出手。

  "你好！我是埃德·杰克逊。"

第三章　寻找雷宜锌

2010年年底，我去马丁·路德·金纪念园的工地探望雷宜锌和他的工程队。工地上有些零乱，但并不忙碌。天气太冷，圣诞节将近，很多美国工人都放假回家了。雷宜锌和他的中国工人还在进行安装雕像的收尾工作。

寒风刺骨，纪念园前面的湖面上都结着厚厚的冰。但是天气晴朗，所有的人都很高兴，因为工程已接近尾声，在元旦之前，他们就能回家了。

工地的一角还堆着那些因为切错而无法使用的石料，尴尬地提醒着我们那些最不愉快的日子。

纪念园的总建筑师，埃德·杰克逊博士也在工地上。虽然纪念园还有很多未完成的事情，雕像却是其中的核心。这部分工作即将结束，这使他如释重负。他请所有中国工人在他的简易办公室里吸烟，拍着他们的肩膀，在"严禁吸烟"的标牌下哈哈大笑。

我喜欢见到埃德·杰克逊博士，他是一位风度儒雅的黑人，举手投足间具有军旅风范。当他讲到自己发现雷宜锌的经过时，总是兴高采烈，眉飞色舞，好像在讲一个传奇故事。他喜欢说："雷的出现，如同闪电一般！"

当然，雷总是伴随着闪电。这句话对于中国人来说，不是很自然嘛！

而杰克逊寻找雷宜锌的经过，却要从15年前说起。

1996年，克林顿总统签署法案，在首都华盛顿特区的国家广场，建立马丁·路德·金纪念园。1999年，马丁·路德·金纪念园基金会向世界各地的建筑学院、建筑专业协会、设计师和艺术家征集设计方案。同时他们组织了一个评审委员会，对投稿的设计方案进行评审。评审委员们分别来自美国、印度、墨西哥、瑞士和中国，他们是建筑、园林建筑及艺术领域的权威学者，其中包括中国科学院工程学院院士吴良镛，埃德·杰克逊博士担任评委主席。从一开始，基金会就强调纪念园将是国际性的。

自1999年年底基金会发出征集方案的邀请到2000年5月，基金会共收到来自52个国家，共约900件参选方案。经过层层筛选，评审委员会最终选择了美国旧金山ROMA设计组的作品。他们的作品灵感来自马丁·路德·金的名言："凭着信念，我们将能从绝望之山中，劈出一块希望之石！"

在ROMA的设计方案中，整个纪念园设计成风景园林，而不是如林肯或杰斐逊

马丁·路德·金纪念园国际设计竞赛资料。图中照片为摄影师鲍勃·菲持所摄马丁·路德·金办公照。背景是1968年8月28日马丁·路德·金在林肯纪念堂发表《我有一个梦想》演说的实况。底部文字介绍竞赛章程细节。

STONE OF HOPE
岩石上的梦想

026

雕塑家雷宜锌为马丁·路德·金塑像始末
Lei Yixin The Master Sculptor of Martine Luther King National Memorial

马丁·路德·金国家纪念园国际设计竞赛资料海报第10页。左侧是主题人物马丁·路德·金在演讲布道的各种姿态。文字是引用金的演讲词："我相信手无寸铁的真理与无条件的爱，将是现实中的终极真言。有一天，人类会在上帝的祭坛前，因超越以血相搏，而躬身领受凯旋的桂冠。非暴力的，救赎灵魂的友善将一统大地。'狮子与羔羊将并卧，每个人都坐在自己的葡萄藤和无花果树下，无惊无惧。'"图中照片背景是1968年8月28日马丁·路德·金在林肯纪念堂发表《我有一个梦想》演说25万人参加的实况。

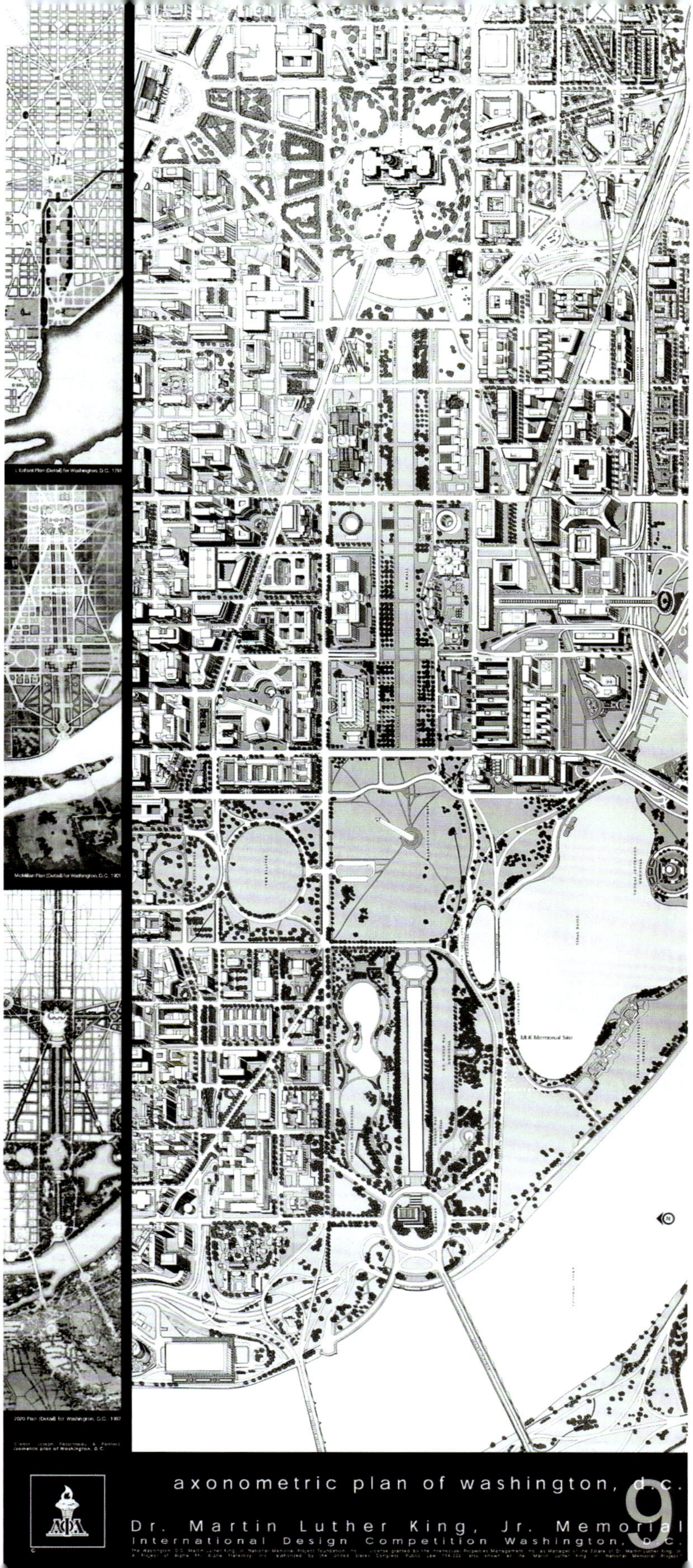
L'Enfant Plan (Detail) for Washington, D.C. 1791
McMillan Plan (Detail) for Washington, D.C. 1901
2020 Plan (Detail) for Washington, D.C. 1997
MLK Memorial Site
axonometric plan of washington, d.c.
9
Dr. Martin Luther King, Jr. Memorial
International Design Competition Washington, D.C.

美国首都华盛顿的规划示意图。全城地面最高点是现在的国会山和国家广场的起点。地面次高点为白宫。两高点相距2500米。在国会向西的中轴线和白官向南的南北轴线交会点是华盛顿纪念碑。重要基址之间设立一系列放射性大道。其中以联系国会和总统府的宽达48米的宾州大道最为著名。在放射性大道的交会处设立了15个方形或圆形的街心广场。每个广场相应于美国建国时的一个州。最后在这个系统之上再叠加以矩形格街道网。

纪念堂那样的神庙。一面弓形墙向两翼展开，每边500英尺（约150米）把纪念广场和临近的独立大道划分开来，使滨水的纪念园成为安静的冥想思考的场所。弓形墙的前面是一座花岗岩石山，石山的中心最高部分被切开，向园林中心滑出。它面向开阔的湖面，从石山中将会浮现出马丁·路德·金雕像。根据马丁·路德·金的著名演讲中的名言，这个作为纪念碑中心主题的石山称为《绝望之山》，而滑出的山体称为《希望之石》，表达了冲破种族歧视的巨大社会偏见的难度和决心。马丁·路德·金在同一讲话中还提到："公平像流水，正义是洪流。"

这句话通过弓形墙体两侧的自上而下的水幕来表达，马丁·路德·金一生的重要名言沿着弓形墙的两翼铭刻。整个纪念园遍植樱花树，这是国家广场的传统。1912年，日本向美国赠送了约3000棵染井吉野樱花，种植在国家广场各处，主要是潮汐湖畔。自此以后，每年4月华盛顿的樱花成为一个著名的游览景致，也是和平的象征。

这样，石、水、树三个主要风景园林元素分别在设计中代表了马丁·路德·金纪念碑的三个主题，希望、正义和生命。

在设计方案确定之后，纪念园基金会上报首都规划委员会（National Capital Planning Commission），希望得到他们的首肯。虽然评审委员们都是来自各个领域的专家学者，他们首选的设计方案却极有可能因为复杂的政治综合因素，不一定能获得首都规划委员会的完全认同。

与此同时，杰克逊开始着手寻找制作这组石雕的艺术家，而这看起来似乎并不困难。

马丁·路德·金在美国是家喻户晓的人物，他的纪念像在全美各地有近20座。只要在这些纪念像的作者当中，挑选一位合适的人选似乎就可以了。可是出乎意料的是，这个人选一直未能确定。在现有的马丁·路德·金雕像中，几乎全部为青铜制作，石雕却是第一次。青铜雕像与石雕的制作过程完全不同，而且这些现有作品最高也没有超过5米，从未达到设计方案中所要求的规模，他们是否能够胜任制作高达近10米的雕像这都是问号。

在修建林肯纪念堂的年代，能够雕刻石像的艺术家在美国比较容易找到。1941年完成的拉什莫尔山国家纪念公园，巨大的山头上雕有4位美国总统的头像，每个头像都高达18米。但从那时起，美国就几乎没有一个重要的纪念像是石雕作品了。唯一的例外是1948年动工的"疯马纪念园"。这座纪念园计划将整个山头雕刻成

上图　ROMA 设计方案总图模型
中三图　ROMA 设计方案表渲染图
下图　马丁·路德·金纪念园位置示意图

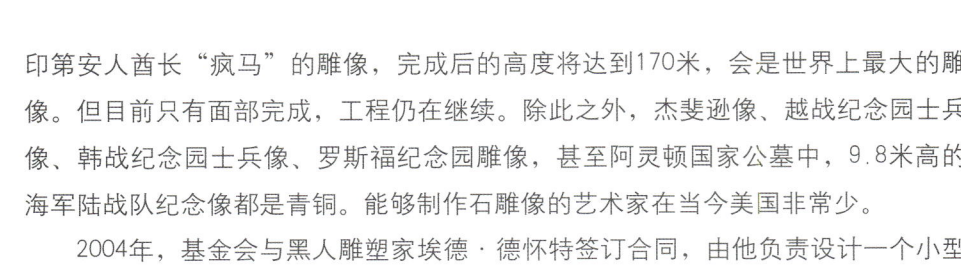

印第安人酋长"疯马"的雕像，完成后的高度将达到170米，会是世界上最大的雕像。但目前只有面部完成，工程仍在继续。除此之外，杰斐逊像、越战纪念园士兵像、韩战纪念园士兵像、罗斯福纪念园雕像，甚至阿灵顿国家公墓中，9.8米高的海军陆战队纪念像都是青铜。能够制作石雕像的艺术家在当今美国非常少。

2004年，基金会与黑人雕塑家埃德·德怀特签订合同，由他负责设计一个小型雕塑样品作为象征性回赠，以感谢最初为纪念园捐款的几个慈善基金。德怀特曾经创作过三座马丁·路德·金全身青铜雕像。杰克逊聘请德怀特为艺术顾问，一同继续寻找真正富有石雕经验的艺术家，以保证这个工程的圆满成功。

2006年年初，他们满怀希望地前往意大利，这个号称"在艺术中呼吸"的国度自文艺复兴以来就是艺术家的天堂。古代大师的杰作随处可见，大理石所塑造的神话中的诸位神灵，高大俊朗，个个栩栩如生。然而在当代，具象形体艺术在那里似乎成为一门古老的技艺而无人问津。他们尤其不擅长于雕刻像花岗岩那样质地坚硬的石材。杰克逊一行找到了一位年过90的雕塑家，请他制作了一座小型的马丁·路德·金全身像。虽然这位雕塑家对于这个任务感到非常荣幸，他却只是一位擅长抽象艺术的雕塑家，他制作的小样令杰克逊一行十分失望。

意大利艺术家设计的马丁·路德·金小样　　摄影师鲍勃·菲恃所摄马丁·路德·金办公照

在意大利一无所获，杰克逊还是没能找到制作大型花岗岩石雕的理想人选。回到美国，他又拜访了一位加利福尼亚州的雕塑家。虽然这位雕塑家也不擅长创作具象人物雕塑，但杰克逊却在他的工作室发现了一块来自中国的石料。这块石料的色泽与质地与计划中所期望的品质十分接近。可惜这位雕塑家过于敝帚自珍，将石料的产地作为一个砝码，企图成为石雕艺术家的候选人。杰克逊没有让步，他情愿踏破铁鞋在广袤的中国去寻找这个石料的产地。但是就算是有了石料，雕塑家又在哪里呢？

马丁·路德·金纪念园从1996年开始筹划到2006年已历10载。1999年首都规划委员会正式批准纪念园的选址，它将位于国家广场西南角，与杰斐逊纪念堂隔湖遥遥相对，占地4英亩。而纪念园的设计方案，也于2005年得到了首都规划委员会的首肯和赞赏。

另外，马丁·路德·金纪念园的建造虽然得到国家机构的批准，但联邦政府并无一分钱的拨款。纪念园基金会所需一切款项，都必须自己筹措。当杰克逊开始为基金会工作时，他甚至没有薪酬，必须白天继续从事建筑设计师的工作，利用晚上和周末的时间无偿为基金会工作。

从2001年开始，基金会一直积极地向社会各界募集纪念园所需资金，目标为1.2亿美元。在各个慈善机构的慷慨解囊、大力协助下，募捐活动顺利进行。由于募捐活动达到预期目标，2006年2月，联邦政府批准财政部对纪念园基金会给予匹配拨款1000万美元。

目前是万事俱备，只欠东风。纪念园的建造已是箭在弦上，需要尽快找到制作石雕的人选。不知道此时的杰克逊是否有些后悔，想不到选择了巨型石雕的方案，会给自己和基金会出了这样一个难题。

就在确定设计方案之前，马丁·路德·金的遗孀珂芮达女士曾经对设计方案表示不满，她对杰克逊说："这（设计）不是我想要的。这个画像根本就不像马丁！"金的女儿也反对这个设计。杰克逊向她们解释说，最终实现的立体效果和现在图纸上的平面效果会有些不同。同时他还保证，在项目实施中，一定会让雕像与金本人相似。"我绝不会让你们失望。"他保证。

可是现在，这个能帮他实践诺言的人在哪里呢？世界之大，寻找这样一个人无异于大海捞针。

然而机会来了。2006年5月，杰克逊博士的助手在互联网上偶然看到明尼苏达州正在举办国际石雕研讨会，与会者来自9个国家。在这些来自各国的石雕艺术佼佼者中，也许可以找到合适的人选。他们立即动身，杰克逊、助手及德怀特一行三人飞往圣保罗市。他们行色匆匆，甚至没有与石雕研讨会联络，连研讨会的具体地

点都没来得及询问。抵达圣保罗市机场，杰克逊打了个电话给石雕研讨会，问清地点，然后驱车直接来到艺术家们的创作现场。

当这三位西装革履、衣冠楚楚的客人出现在石屑飞扬、粉尘遍地的研讨会现场时，确实有些引人注目。艺术家们不禁放下锤凿，停下手边的工作，好奇地打量他们。杰克逊三人在艺术家们未完成的石雕之间边走边看，同每一位艺术家交谈，询问他们是否感兴趣为国家广场的马丁·路德·金纪念园制作一个大型人像石雕。艺术家们一听他提到国家广场，提到马丁·路德·金，全都明白其中的重大意义，这无疑是一个可以名垂青史的机会，全都欣然表示愿意一试。

有人说，艺术家应当是不完美的人类中比较完美的人。对于一个突然出现在眼前的大好机会，没有人会轻易拱手相让，互挖墙脚倒是很有可能发生。然而这些石尘满面的石雕家们却异口同声、毫无保留地一致向杰克逊一行建议，"你应该先跟雷谈一谈。"

真有意思，这个雷是谁？好像大家对他都很钦佩。

杰克逊来到雷的工作现场，那是一块两三米高的石灰石。作品还未完成，隐约可以辨认出一个人像的轮廓。岩石、巨型人像，这些都与杰克逊的目标非常吻合。旁观的艺术家十分热心，他拿出一本雷的作品集递给杰克逊。一页一页地翻过，那些作品是如此精美，让杰克逊赞叹不已，急于想见到这位备受同行推崇的艺术家。

但那个神秘的雷却不见踪影，听说他正在睡觉。总不能去酒店贸然打扰一位疲惫的艺术家吧，看来今天无法见到他。杰克逊三人正打算离开，等明天再来。这时，圣保罗市的一位资深建筑师出现了，他恰巧是雷的艺术翻译。他马上请人去叫醒雷。原来雷并非在酒店休息，只是躺在大树下，就在不远处，以一个艺术家不拘小节的态度睡着了。

那位名叫雷宜锌的中国雕塑家很快赶来，看起来还有些睡眼惺忪。等到听完杰克逊的介绍，他完全清醒了，开始认真地察看纪念园区设计图，随后肯定而简短地回答，"我能做。"

雷宜锌和他出色的作品不可思议地忽然出现，又以这个似乎过于简单的方式，来回答这么重要的问题，这些都令人有些措手不及。"我能做"，就这样吗？

可是这个简短的回答，与其他艺术家的回答也略有不同，他们的回答是，"我愿意做。"这种微妙的差别，让杰克逊立即感到雷宜锌的回答里所包含的自信。杰克逊与他的助手三人留在了圣保罗市，天天在研讨会的现场看雷宜锌工作，看他把一块毫无生命的坚硬的巨石刻画成一位柔情似水的少女。雷宜锌给他的作品起名为《遐想》。

杰克逊有很多时间去研究雷宜锌和他带来的作品画册。雷宜锌，中国国家一级美术师，领受国务院特殊津贴的专家之一。他的作品获奖无数，其中的三件被中国最高艺术殿堂——中国美术馆收藏。

看到画册里那些形态各异、材质不同的雕像，杰克逊感到这位艺术家能出色地抓住人物的形象，无论使用什么样的材质，大理石、青铜、不锈钢，还是水泥，他都能赋予其鲜活的生命力。

更重要的是，杰克逊一行亲眼看到雷宜锌以卓越的技艺，在短短的几个星期之中，出色地完成他的又一个作品。这是一位托腮凝神的东方少女头像，高2.2米，宽1.1米，所用材质为当地的石灰石。少女素面如玉、长眉入鬓，以一种婉约的东方韵味含笑注视着陌生的土地。

当《遐想》征服了研讨会观众的心的时候，杰克逊认为自己一直在寻找的艺术家，能够胜任马丁·路德·金纪念雕像的人，已经找到了。研讨会之后，他请雷宜锌夫妇改变立即回国的计划，安排他们访问华盛顿、纽约和马丁·路德·金的故居，以及美国其他城市。杰克逊陪同他们参观华盛顿和纽约的各个艺术博物馆，和雷宜锌一起探讨对艺术的观点，交流各自成长的经历，和对历史的认识和看法。杰克逊发现无论是从艺术理念，还是对历史和人生的看法，他与雷宜锌都一见如故。雷宜锌的个性也像他的众多作品一样，稳健明朗。后来，当他回想起遇到雷宜锌的经过，还一直津津乐道，在6年毫无收获的寻找之后，带着令人信服的艺术能力和

1	2
3	4

雷宜锌在不同材质上的雕塑作品

1.《强渡乌江》 2.《空间旋律》 3.《毛泽东头像》 4.《百年长沙》系列之《歇凉》

值得信赖的人格，雷宜锌的突然出现，就像一道闪电划破黑暗的夜空一样，突如其来而又明亮耀眼。

8月，埃德·杰克逊博士在华盛顿特区他的办公室里接待了中国雕塑家雷宜锌夫妇。作为马丁·路德·金纪念园基金会的总建筑师，杰克逊请雷宜锌在一份合同书上签字，正式委托他制作纪念园中马丁·路德·金的巨型雕像。

此时的雷宜锌已经完全明白这份合同的分量。这本身就意味着无以伦比的荣誉和千斤重担般的责任。

马丁·路德·金是美国阿拉巴马州一位牧师。在20世纪五六十年代，他领导了美国黑人的反种族歧视的民权运动，以非暴力手段最终胜利地为黑人同胞争取到自由与平等，而自己却于1968年被刺身亡，年仅39岁。1964年，35岁的马丁·路德·金在挪威首都奥斯陆接受诺贝尔和平奖，是有史以来最年轻的诺贝尔奖获得者。

马丁·路德·金既非腰缠万贯，富可敌国，也从未因担任政府公职而权倾天下。换句话说，只是一介平民而已。1986年，美国总统罗纳德·里根签署法令，将每年1月的第三个星期一定为马丁·路德·金纪念日。迄今为止，美国只有三个以个人纪念日为法定假日的例子，其他两位为乔治·华盛顿和亚伯拉罕·林肯。马丁·路德·金是迄今为止美国唯一一个以平民身份获此殊荣的人。

自美国建国以来，总统共44任，能够把他们的名字一个不错地说出来，恐怕只有历史学家了吧。可在美国，每年都有一个马丁·路德·金节，很多城市有马丁·路德·金大道。无论白人黑人，有谁会不知道马丁·路德·金呢？不仅是美国，在埃及、以色列、南非、印度、匈牙利、罗马尼亚、比利时、意大利、巴西、日本，世界各地都有以马丁·路德·金命名的街道、广场、纪念地、塑像。直至今日，人们还在谈论和纪念马丁·路德·金，继承他留给人类的精神财富。

马丁·路德·金在他的著名演讲《我有一个梦想》中说："此时此刻，我们虽然遭受种种困难和挫折，我仍然有一个梦想……我梦想有一天，这个国家会站立起来，真正实现她的信条：我们认为这些真理不言而喻，人人生而平等*。"他领导当时处于悲惨境遇的美国黑人，奋起反抗不公正的种族隔离制度，为实现美国社会真正的自由平等而战斗。他既无权势，又无财富，代表的是当时美国社会的最底层。他号召黑人同胞为自己的尊严而战。在一片绝望的荒漠中，以坚定的信念树立起希望。没有流血，没有仇恨，他对大家说："仇恨使生命黑暗，爱却能照亮生命。"他所领导的非暴力民权运动，迫使美国国会在1964年通过《民权法案》，宣布种族隔离和歧视政策为非法政策。

历史上那些大人物，那些国家显要们，曾经叱咤风云，也曾受过万众欢呼。可是，如果不能施惠于国，施惠于民，一时的风光和荣耀恐怕很快就如过眼云烟，随风而逝。多年以后，又有多少人会把他们的名字从旧纸堆里翻出来念一念？也许只有在历史小知识的抢答竞赛中了吧。而马丁·路德·金这个名字，在半个世纪之后的今天，仍然影响着当今世界，令人肃然起敬。如果没有马丁·路德·金，迈克尔·杰克逊、迈克尔·乔丹、丹泽尔·华盛顿又在何处？现任美国总统又会是谁？甚至，也不会有担任美国劳工部部长的赵小兰，获选华盛顿州州长的骆家辉，或者火箭队的姚明。美国，就不会是一个人人机会均等的社会。

当然，更不会有将作品树立在国家广场的雷宜锌。

---

*注释："我们认为这些真理不言而喻，人人生而平等"，出自美国《独立宣言》。

第四章　复活马丁

2006年8月，雷宜锌访问华盛顿之后，带着马丁·路德·金纪念园基金会与他签订的合同，开始创作花岗岩纪念雕像，并在中国寻访合适的石材。

纪念雕像是由纪念园的设计方案所确定的。那将是一组高达近9米的巨型石雕。马丁·路德·金的雕像称为《希望之石》，两座山形的石雕称为《绝望之山》。《希望之石》将矗立在《绝望之山》之间，略往前方推进，呈三角形排列，象征着他从绝望之山中走出，为世人辟出一条希望之路。

从华盛顿回到长沙，雷宜锌带回很多资料，在工作室的四壁贴满马丁·路德·金的照片。他倾注了前所未有的热情，研究了大量图片和所有现存的马丁·路德·金塑像。他的人生道路，他的坚忍不拔，他的战斗与牺牲，他的悲剧与成功，都给予雷宜锌巨大的创作冲动。他一遍遍地播放马丁·路德·金演讲的音频和视频，尽管不通英文，他却尽力体会金的语音、语调，他演讲时的姿态和神情。他认为，自己的这位主人公既是一位伟大的人，也是一位普通人。"他个子矮，在人群中并不突出，"雷宜锌说，"但他开始讲话的时候就是一个领袖。他的个人魅力吸引了成千上万的美国人追随他的事业。"

1929年，马丁·路德·金生于美国佐治亚州亚特兰大市，父亲，祖父和曾祖父都是牧师。他在中学时跳了两级，15岁时高中还未正式毕业就进入大学，获得社会学和神学学士。之后，他继续在波士顿大学深造，获得神学博士学位，并在25岁那年也成为了一名牧师。

当时的美国，种族歧视和种族隔离现象十分严酷。生活在南方各州的黑人不仅生活贫困，缺乏工作机会，还随时面临被殴打，甚至被残杀的命运。

早在1863年南北战争之后，林肯总统在《解放宣言》中就让被奴役的黑人获得了自由。在联邦军队占领南方期间，黑人也曾获得平等权利。但是，从奴隶到自由人，黑人获得了身份上的自由，却普遍穷困，教育程度低下，为求生存，必须依靠白人雇用。特别是当联邦军队撤出南方后，黑人顿失联邦法律的保护，地位再次回到南北战争前的状况。

1896年，美国联邦最高法院又作出决议，确立对黑人实行"隔离但平等"的政策。这是一个致命的决议，无疑对南方黑人人权造成严重的打击。因为最高法院判决中有关"隔离"的部分被执行得十分彻底，但有关"平等"的部分却形同虚设。这直接导致南方各州出现种族隔离制度法令，甚至连在工厂、医院及军队都采取种族隔离制度，而且这种制度在最高法院决议的保护之下，居然是合法的。

马丁·路德·金出身于中产阶级，家境优越，有机会受到良好教育。但生长在南方，使他深刻了解当时南方黑人的悲惨境况。与当时的许多民权领袖一起，他将自己投入到争取黑人合法权益的斗争中。

1955年，年仅26岁的马丁·路德·金作为一名基督教浸礼会牧师，发起了"蒙哥马利罢乘运动"，领导当地的5万黑人市民拒绝乘坐公共汽车长达385天，直到法院判决取消地方运输工具上的座位隔离。"罢乘运动"让这位年轻的牧师展现其出色的领袖气质，成为黑人民权运动的领军人物。

马丁·路德·金的思想受印度民族领袖圣雄甘地的影响至深。1959年，他访问印度时，就坚定了一生的目标，以甘地所倡导的非暴力主义为武器，为争取美国黑人的平等地位而奋斗。

马丁·路德·金一生受到无数次的恐吓，曾10次被各种方式监禁，3次入狱，3次被行刺：第一次被精神病人捅了一刀，第二次在教堂被炸弹袭击，第三次被枪杀。但在争取合法权益的运动中，马丁·路德·金始终坚持以"非暴力不合作"为斗争手段。虽然有些民权领导人以正当防卫为理由，对非暴力手段不以为然，但马丁·路德·金始终认为，自己是基督徒，不会像臭名昭著的三K党徒那样公然蔑视国家的宪法。他坚信非暴力抵抗是获得正义和人性尊严的最有力武器。他告诫追随者不要使用暴力，"仇恨必不能消除仇恨，唯有爱能。"

1963年春天，马丁·路德·金在阿拉巴马州伯明翰市领导了一场要求给予各种族平等工作机会的运动。此地的白人警方一向强烈反对种族融合，态度强硬，参与运动的很多人被捕入狱。然而马丁·路德·金坚持谨守非暴力原则，以合法的方式抗争。当抗议者们纷纷被捕，他就号召大家"将监狱填满"。在示威游行中，徒手的黑人示威者包括人群中的孩子，与装备着警犬和高压水枪的警方之间发生了冲突，这条令人震惊的新闻作为各大报刊头条传遍世界各地，引发普遍的同情。运动持续了两个多月，结束时当地警察局长被迫辞职，伯明翰市黑人的状况得到明显改善。

1963年夏天,马丁·路德·金组织了著名的"向华盛顿进军"的群众示威行动。此次示威运动中有超过25万的抗议者聚集在华盛顿特区。8月28日,他在林肯纪念堂的台阶上,马丁·路德·金发表了他最著名的演讲——《我有一个梦想》,将美国黑人争取自由平等权益的运动推到高潮。正是在这个演讲中,他充满信心地说:"凭着信念,我们将能从绝望之山中,劈出一块希望之石!"

由于黑人民权运动的巨大影响,美国国会在1964年通过《民权法案》,宣布种族隔离和歧视政策为非法政策。同年,因为以非暴力方式领导了反抗种族歧视和种族隔离政策的运动,35岁的马丁·路德·金成为有史以来最年轻的诺贝尔和平奖获得者。

1968年4月4日,马丁·路德·金在田纳西州孟菲斯市领导一场罢工运动时,被暗杀者的子弹击中喉咙,遇刺身亡。此后,纪念马丁·路德·金的活动持续不断。1977年,他获得总统自由勋章;1986年,里根总统签署法令,马丁·路德·金的生日被确定为美国联邦法定假日;1996年,克林顿总统签署法案,在首都华盛顿特区的国家广场建立马丁·路德·金纪念园;2004年,国会金质奖章颁发给马丁·路德·金。

这是一位美国各界民众极为敬仰的、圣徒般的人物。美国各地也陆续塑造了许多雕像来纪念他。为了让国家广场上的马丁·路德·金雕像不负众望,纪念园基金会把这个期待交到雷宜锌的手中。

雷宜锌参观马丁·路德·金遇害的孟菲斯市洛润汽车旅馆

通过大量文字、图片和影像，在雷宜锌的脑海中，马丁·路德·金渐渐变成鲜活有生命力的立体的人。他认为如果只给观众看到一个模糊的、朦胧的浮雕，显然是不正确的。因为这会让人产生时间和空间的距离，观众会觉得他很遥远、不清淅，视觉语言也不够强烈。而事实上，世人都很熟悉他、怀念他，有时候甚至还会觉得需要他，觉得他还在，就在自己身边。因此，他觉得马丁·路德·金应该是一个"呼之欲出"的人。

是的，"呼之欲出"！这个灵感让雷宜锌的创作有了定位，并且让艺术语言的处理方式变得清晰起来。纯粹的圆雕过于"实"，纯粹的浮雕又过于"虚"。他想，应该把马丁·路德·金塑造得有虚有实，虚实结合。这会使作品的艺术语言更有变化，更具有视觉冲击力。

雷宜锌被创作冲动所激励，浑然忘却时间流逝，闭门不出，在工作室里一待就是一个多月。他首先做了一个模型。在这个模型中，马丁·路德·金站立着，双臂合抱在胸前，一只手中握着笔。他希望给观众传达这样一个信息：

"当你看到这座马丁·路德·金的雕像，你可能会想到世界上所有的不公正，那会激起你为正义而共同奋斗的信念，完成金本人未竟的事业。"

而让雷宜锌认为最为可贵的，是马丁·路德·金用和平的方式实现他的梦想。面对明枪暗箭，他总是挺身而出，据理力争，他坚持用爱的力量使这个世界改变。雷宜锌说："他是一个和平的战士。在艺术处理上我应该把这些特质表现出来，他的眉头微锁，目光炯炯，厚厚的嘴唇紧闭。他双手抱胸目视前方在思考着。他是一个内心丰富的思想者，同时也是身体力行的实践者。他的动作是收敛的、坚定的。但是他蓄着一种张力，随时可能释放的正义的力量。这个'度'一定要把握好，欠一点就会感到弱，缺乏信心；过一点又会感到悍，缺乏内涵。我想让观者看到一个坚定的给人以信心和力量的马丁·路德·金。"

林肯的雕像既继承了米开朗基罗的大气，又学习伯尼尼的戏剧性，与朗方为华盛顿市区所做的巴洛克风格的城市规划浑然一体。

在创作过程中，雷宜锌感到最大的挑战来自于艺术语言。虽然说艺术是无国界的，但每一个国家和地区都有自己独特的历史文化，展现出各自情有独钟的艺术表现手法。雷宜锌仔细地研究了美国国家广场上最具有代表性的人物纪念性雕塑，注意到在那个领域，"审美的习惯更偏重非常写实、非常具象的表现手法，崇尚严格的忠实于对象，强调准确精细的再现对象，雕塑家个人的风格和艺术语言显得并不重要"。

他说："我希望在忠实于对象的前提下，多一点表现而不完全是再现，也就是我前面说的，追求虚实的对比，正如我们唱歌或演讲，有抑扬顿挫，有高低起伏，有快慢节奏。另外，我理解室外大型纪念人像雕塑更应该有建筑感，要强调概括，要适当的运用减法，不要到处平均对待。所以我这么做了。"

最后创作出来的《希望之石》，即马丁·路德·金雕像，是浮在石头上的圆雕，整个身体有2/3多从《希望之石》出来，少部分仍在石头里面。最清晰的、最具像的是马丁·路德·金的头部和手部，雷宜锌花了很多时间刻画，并且希望参观者会首先看到它们。然后再看身体其他地方，越往下越虚，越粗犷，到腿部以下逐渐融入石头里。

雷宜锌想要尽力融合中西方的艺术传统，争取有所创新。"美国人做东西比较精细、圆润、丰富；中国追求线条的流畅和美感。另外中国的艺术讲究概括、简练，讲究'意到笔不到'。而我设计的雕塑，上部分是实的，下部分是虚的；头部接近美国的手法，比较细；越往下走，就越虚，成面成块。另外人像的背景，都是大刀阔斧劈出来的，是一种很概括的语言。所以还是融合了东西方的艺术特色。"

关于《绝望之山》的设计，雷宜锌说："我看过欧洲、中国、美国形形色色山峰的许多资料，设计中的山峰的形状是综合了许多地方山峰的样子。我使山的表面凸凹不平，布满尖角，以使人有一种稍一触及便可能被扎伤的感觉。因为这是绝望之山，所以我想使它令人产生一种困难无望的感觉。这也将有助于突出金所代表的《希望之石》的主题。另一方面，因为《绝望之山》是注定要倒塌的，所以我刻了一些深沟和裂缝。这看上去像自然腐蚀，暗示受到种族歧视的民众的绝望处境最终将被自信和希望所代替。"

当然他不无担心，这样的设计美国人会不会接受？

六个星期以后，当基金会的总建筑师杰克逊和助手来到长沙，第一次拜访雷宜锌的工作室时，他向他们展示了自己完成的模型，结果却大大超乎他的预想。看到这个模型，杰克逊为之动容，完全认可雷宜锌的设计，他迸出一句话，"这就是我们要的金！"

这让雷宜锌感到非常欣慰，看来自己的感觉和思路是对的。这给了他充分的信心，继续顺着自己的创作思路和艺术直觉走下去。

杰克逊一行根本没有料到雷宜锌这么快就做好了模型，对他的创作热情和速度印象极为深刻。在以后的合作中，每当雷宜锌有了

杰斐逊纪念雕像强调的是古典主义永恒、普世、宁静的精神追求。形式上的推敲非常细致，并不局限于追求具体和形似，契合它所在的纪念堂的古典主义建筑。

THE STONE OF HOPE
Martin Luther King, Jr. National Memorial

THE MOUNTAIN OF DESPAIR
Martin Luther King, Jr. National Memorial

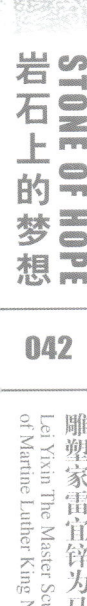

新进展，都会及时通知基金会，让他们了解自己的进度以及作品目前的状态。基金会从未对作品乱提意见，而是完全信赖雷宜锌的艺术判断力，他们的态度始终很包容、很信赖。这让雷宜锌感到极大的创作自由度，没有任何压力。他说："基金会很包容，从不指手画脚。"

后来，他受到了另一方面的压力，来自基金会之外，而且是前所未有的困难。那时基金会对他的支持就显得格外珍贵。

雷宜锌的另外一个任务，是在中国的采石场寻访是否有合适的石材来制作这组雕像。自从杰克逊在加利福尼亚的雕塑家工作室里看到那块花岗岩石料，就一直在考虑去中国寻找这种理想的石材。雷宜锌向他保证，中国的确出产这种石料。

纪念园的设计方案，决定了对雕像石材的要求十分严格。需要有极高的硬度才能抵抗住华盛顿地区的严寒酷暑、日晒雨淋、风刀霜剑。另外还需要容易维护，不能因为日久累积污垢而变色。

雷宜锌探访了全国各地的采石场，研究比较了不同的石料，最终圈定在山东和福建两地出产的花岗岩。基金会一行再次来到中国，在他的陪同下前往山东和福建两地，仔细比较两地石材的优劣。他们一致认为这两种花岗岩的硬度完全达到要求，颜色和质地也很合乎期望。唯一的区别是，山东的石材更硬，颗粒较粗，而福建的较细。

山东的石场老板看到了关于马丁·路德·金纪念园的新闻报道，表示愿意捐献全部石料。但从艺术表现的角度考虑，颗粒较细的石材比较易于表现细节，使得雕像的纹理更细腻一些。最终他们选定了福建泉州出产的一种浅灰褐色花岗岩，硬度很高，有小小的黑色颗粒，又隐隐透出若有若无的浅红，因此称为"瑕红"。这种颜色不但容易维护，也符合黑人的肤色特征，确实十分理想。

基金会一行在走访采石场和雷宜锌工作室的同时，也前往长沙和厦门等几处大型雕塑的现场，考察他以前的作品。这也给他们留下了非常深刻的印象，越来越相信雷宜锌创作大型雕塑的能力和经验。看起来，在纪念园中塑造一个真实、真切的

STONE OF HOPE
岩石上的梦想

044

雕塑家雷宜锌为马丁·路德·金塑像始末
Lei YiXin The Master Sculptor of Martine Luther King National Memorial

雷宜锌于 1996 年至 1997 年之间先后 6 次单独或陪同基金会工作人员考察中国石矿山，最终选定福建的瑕红为马丁·路德·金雕塑用材。

金博士是毫无悬念的事情了。

2006年11月13日，在美国华盛顿国家广场，人们为马丁·路德·金纪念园举行了奠基仪式。总统小乔治·布什，前总统比尔·克林顿和参议院议员的贝拉克·奥巴马分别发表讲话，高度赞扬马丁·路德·金的贡献。奥巴马说："每一代人都被金博士激励着，为道义而抗争，为正义而奋斗，去寻找改变世界的精神。"冒着寒风细雨，政界要员、文化界名人，以及金的家人、知名记者、兄弟会成员、社会活动家、慈善家等，共5000多位民众聚集在一起，见证纪念园正式破土动工。

现在一切就绪，让马丁·路德·金复活吧！

第五章　风雨欲来

朋友们都为雷宜锌感到庆幸，能够参与这样一件国际性的、具有历史意义的工程，真是百年难遇的机会。这时却很少有人料想到，他正身不由己地卷入到一场巨大的政治旋涡中去。

世界上许多其他历史名城，诸如北京、巴黎、罗马、伦敦，都有着丰富漫长的演变过程，有时候又要靠着历史的机缘，最终成为一个国家的首都。美国作为一个新兴的国家，大多数城市以工商贸易的兴衰而急起急落。华盛顿特区是在相对短暂的历史时期内形成的。从一开始，它就是一个经过周密规划的城市。在规划中，这个城市的职责就是担当这个新兴国家的政治文化中心，这个国家的心脏。

在18世纪末，国会决定建都开始，就制定了明确的、可长期持续发展的规划框架。在随后的200年中，华盛顿特区逐步落实了当初的规划，从一片荒地发展为面积为177平方公里的大城市。在最初的规划蓝图上，国家广场就是位于市区中轴线上的核心地带。

20世纪80年代以后，国家广场及附近的波多马克公园内，陆续兴建了越南战争纪念园（1982年），独立宣言签名者纪念园（1987年），朝鲜战争纪念园（1995年），罗斯福纪念园（1997年），加上原有的两个纪念公园，以及杰斐逊和林肯纪念堂，整个地区显得拥挤起来。20世纪90年代以后，从民间到政府，从规划委员会到公园管理部门，各界的共识是国家广场和附近公园要保持朴实开阔的风貌，除极重大题材不能再建纪念碑了。在这以后，有不计其数的在国家广场兴建的纪念碑提案被首都规划委员会和规划艺术委员会拒绝。

1968年，马丁·路德·金遇刺身亡之后，阿尔法·费·阿尔法（ΑΦΑ）兄弟会就首次提出修建永久纪念园。但是直到18年后，马丁·路德·金的生日被立案成为国家纪念日，这个提议才得到越来越多人们的支持。又经过10年的酝酿，1996年国会终于正式批准提案，在首都华盛顿择地兴建马丁·路德·金纪念园，并成立纪念园基金会，由其负责兴建事宜。

美国历史上第一次为一位黑人，也是历史上第一次为一位普通公民，在国家广场设立纪念园，这本身就有着重大的历史意义。

然而在这样一个已显拥挤的地段，"择地兴建"这四个字说起来轻松，做起来却是一件颇费周折的事。

　　首都规划委员会提供了12个可能的候选基址。基金会最初中意的是位于市中心线东端的老体育场原址。这里面积广大，与西端的林肯纪念堂遥遥相对，颇具纪念性。但现有的核心纪念园区都集中在西段，东段的发展仍将是个相当漫长的时期。假若马丁·路德·金纪念园建于此地，在未来数10年中无疑将孤悬一隅，与现有的纪念性核心区隔绝，严重影响人们的参观。

　　基金会的第二选择是华盛顿纪念碑西北，称为宪法花园的基址。这里紧邻宪法大道，背靠华盛顿纪念碑，处于整个国家广场的中心地带，但也有不尽如人意之处。当时正在兴建的第二次世界大战纪念碑，将建于广场的东西中轴线上，规模庞大，紧邻宪法花园的基址。而且随着第二次世界大战纪念碑的建立，第二次世界大战、越南战争、朝鲜战争纪念碑鼎足而立，国家广场西半部将形成一个以战争纪念碑为主的气氛。而马丁·路德·金纪念园的主题是和平与希望，不甚协调。经过反复考量，基金会放弃了这块基址。

　　基金会最终决定的基址，与杰斐逊纪念堂一水之隔，紧邻林肯纪念堂前的广场。围绕水面的杰斐逊纪念堂，南面的罗斯福纪念园和未来的马丁·路德·金纪念园，可以形成人物纪念碑为主的环境。这一选择得到一致支持，1999年12月2日，首都规划委员会和规划艺术委员会全票批准了马丁·路德·金纪念园选址。次日，全国所有主要电视台都报道了这一消息，全国各大报刊发表了70余篇文章报道选址过程和决定。在万众瞩目之下，纪念园的建造取得初步成功。

　　在选址批准的当天，基金会完成了纪念园国际设计竞赛的招标文件。这以后逐步确立了设计方案，选择石材，选择艺术家，直到与雷宜锌签订合同。这个过程花费了整整6年时间。与此同时，基金会的另一班人马，筹款小组是整个基金会的衣食父母，筹款这可是基金会的头等大事。

　　提出修建马丁·路德·金纪念园的阿尔法·费·阿尔法兄弟会，创立于1906年，是美国第一个黑人兄弟会团体。它本是康奈尔大学的学生社团，后来慢慢演变成一个非营利的社会团体。1940年向各种族人群开放，现有成员18.5万人，约680个分会遍及美洲、非洲、欧洲、加勒比海地区和亚洲。成员包括国家首脑、诺贝尔奖获得者、联合国大使、法官等精英人物，马丁·路德·金是其中最著名的会员。100多年来，该兄弟会参与社会事务，支持帮助非裔美国人及其他有色人群，具有广泛的影响力。

国会批准由该兄弟会组建纪念园基金会，由于它是一个非营利组织，其建造纪念园的全部资金将来自于社会捐助，预计需筹款1.2亿美元。

2001年3月，基金会启动了募捐活动。与此同时，美国互联网泡沫破灭，股市大幅下滑，经济陷入困境。这真是一个倒霉的开端，基金会的募捐活动举步维艰。

俗话说屋漏偏逢连夜雨。正在此时，马丁·路德·金的家属向基金会提出，要求向他们支付版权费用，因为基金会的募捐活动使用了金博士的形象和名言。此言一出，金的家属立刻遭到舆论的口诛笔伐。《华盛顿邮报》引用一位马丁·路德·金的老战友的话说："如果没有人用纪念园来赚钱，为什么有人却要收费？"

著名的马丁·路德·金传记作者，历史学家大卫·加罗非常愤慨地说："我想不起来杰斐逊的家人、林肯的家人或者任何一家人，为了建在华盛顿的纪念碑收钱。自己的父亲获得这样殊荣，在华盛顿特区获得永久纪念，任何一个家庭都会为此激动万分，根本不会想到为此要一分钱。他的孩子们做出这样的行为，简直让金博士为之蒙羞。"

舆论的谴责毕竟只是谴责，马丁·路德·金家属的要求合理合法。基金会只得暂停募捐活动，并无奈地表示，纪念园诸事皆无头绪，全未考虑到需要付钱给金博士的家属。公众却对金的家属感到怒不可遏，连篇累牍的报道揭发金的家属已经不是第一次利用已故父亲的名声赚钱。

他们曾经起诉《今日美国》和哥伦比亚广播公司使用了《我有一个梦想》的演说而没有付费。CNN（有线电视新闻网）也得购买版权之后，才得以播出这个著名的演说。这是因为金的家属从未将这个演说的版权开放给公众。马丁·路德·金当年向全美国的人们发表了这个演说，推动了民权运动的蓬勃发展，这也为他本人带来了国际声誉。而这个演说并非人类所共有的财富，居然是金家族的私有财产，说起来也真够滑稽的。不过这也合理合法。一本书可以有版权是其作者和后人的财产。那么一场演说，不也是演说者的智慧结晶，不也应当有版权吗？

在奥巴马当选总统之后，有人曾印制了T恤衫，把这个有史以来第一位黑人总统的形象，与马丁·路德·金的形象放在一起，连这点小事金的家属都索要版权费。可是，名人为自己的肖像权打官司的事情太多了，金的家属不允许别人滥用自己父亲的形象，从道理上讲也没什么大错。只相信马丁·路德·金本人不会如此热衷于抓着自己的形象和过去的一篇演说不放，不允许别人适当地使用。他在获得诺贝尔和平奖之后，就将奖金全部捐赠出去。

金家族被公众攻击，对此不以为然的也大有人在。斯坦福大学马丁·路德·金文件中心主任说："这对金的家人很不公平。当肯尼迪家族要卖出前第一夫人杰基·肯尼迪的东西时，他们通行无阻。如果金的孩子们这样做，他们只会得到当头一棒。这种双重标准真让人称奇。"这位主任进一步说，使用金的名字作为商标也未尝不可，"就像迪斯尼公司说，米老鼠是我们的，如果你使用了米老鼠的形象就要付钱。"公众对此当然无法认同。宣传米老鼠和宣传马丁·路德·金可不一样。他们正是担心金的次子德克斯特会把金的故居搞得像迪斯尼乐园一样。

德克斯特是马丁·路德·金故居中心的主席。在他接手管理这个中心以后，曾经跑到孟菲斯市猫王*的故居"优雅园"去请教如何推广一个公众偶像，并真的考虑过建造一个主题游乐园。这个主意遭到公众的讥笑，最后不了了之。

事情常常是这样，越是伟大的人物，子孙往往越难面对世人的期待和评价，仿佛家族的所有优良品质、智慧才华，一下子全都集中在一个人身上，使得后代们相形见绌，难以企及。尤其是他们生活在一个高大的身影下，永远无法超越。人们总是会说，如果是他们的父亲，他会怎样怎样。这种无可避免的比较，也使得伟人后代的形象愈加难以受人赞赏。其实若与他人比较，他们并不见得更卑劣，只是太普通、太平庸而已，似乎不配作为他们伟大父亲的子女，站在他们父亲的高大身影旁边，显得愈加渺小。

金的侄子，马丁·路德·金故居中心的管理总裁法理斯先生分辩说，金的家人根本没有从中获利。纪念园基金会所付款项都会用于修缮故居中心。位于亚特兰大市的马丁·路德·金故居是全美唯一一个不收费的历史人物故居。公众到这里参观，给亚特兰大市带来了大量的收入，而这一切都需要资金来维护。

这位法理斯先生的话不无道理。马丁·路德·金的故居对公众开放参观，完全免费，多年来的维护费用也是一笔不小的开销。据一些参观者说，金的故居年久失修，陈旧之况目不忍睹。

---

*注释：猫王，埃尔维斯·艾伦·普雷斯利，20世纪五六十年代美国摇滚天王。

法理斯还进一步抱怨说，因为大家都捐款给纪念园，就不再捐款给故居。捐款者说："我们已经捐款给你们了呀！"殊不知，纪念园与故居并不是一家，捐给纪念园的款项不会用于故居修缮。《洛杉矶时报》文章却就此挖苦说："这或许因为，大家心知肚明，不愿意捐款给金的家属罢了。"

马丁·路德·金的成就给他的后人带来潜在的物质财富。不过，物质财富只属于金家族，精神财富则属于全世界。虽然金的后人确实在为自己争取合法的权益，这本来无可厚非。但这样做，却不得不将自己推入公众的视线，与那无价之宝般的精神财富相比较，金钱显得如此渺小，不值一提。公众所认同的无价之宝居然被标价出售，这刺痛了大家，也就怪不得公众会将金的后人贬到如此难堪的境地了。

经过协商，最终基金会还是决定付费给金的家属，从2003年开始直到2009年，金的家属共得到80万美元的版权费。基金会主席约翰逊说："这笔费用对基金会来说并非负担，我们与金的家人仍保持良好关系。"

约翰逊说这话是很需要一点底气的。基金会的筹款过程，经历了自从20世纪30年代以来，美国最严重的经济衰退。在这样的社会环境下，完成1.2亿美元的筹款目标，真是一个了不起的成就。约翰逊自豪地说："我们的募捐小组是独一无二的，虽然只有11个人，但他们向世界证明，有色人种同样能够募集资金，完成如此大规模的项目。"

"金家属索费"事件刚刚平息，更大的麻烦接踵而至。基金会从令人同情的受害者一下子成了众矢之的，这一次是因为雷宜锌。

当基金会在圣保罗的石雕研讨会上遇见雷宜锌的时候，随行人员当中有一个叫德怀特的雕塑家，当时他与基金会签有合同，是制作马丁·路德·金雕像的人选之一。

这位德怀特先生多才多艺，也是个了不得的人。他履历上的职业包括美国空军试飞飞行员、美国第一位黑人候选宇航员、电脑工程师、航空顾问、餐馆老板、房地产开发商、建筑企业家、雕塑家。近30年来，他致力于雕塑艺术，尤其是大型纪念园这样的公共艺术项目。他的雕塑艺术作品主要关注美国的非裔人物和历史事件，曾经在美国各地创作了三座马丁·路德·金青铜雕像，被认为是最有见地的美国黑人雕塑家之一。由他来担任马丁·路德·金纪念园雕像的创作本来是再合适不过了，但是就连德怀特自己也深知，他以往所制作的人物雕像材质全是青铜，而且尺寸也较小，这次的大型花岗岩石雕，他实在是毫无把握。所以德怀特也很希望能找到一位更擅长大型石雕的艺术家，但他显然另有打算。

在基金会遇到雷宜锌以后，他们在圣保罗的一家餐馆宴请雷宜锌，并商讨合作事宜。圣保罗公共艺术协会的克里斯汀女士也在座。当时克里斯汀就预感到，这个工程对非裔美国人来说，意义太重大了，所有黑人艺术家都会尽力争取机会，承担这个具有历史性意义的工作，何况是德怀特这样一位享有声誉的雕塑家。当她向德怀特提出自己的疑问时，德怀特毫不犹豫地说："金博士本人就致力于推动超越种族、肤色和国籍的平等，我们的选择无疑与他的信念是一致的。"克里斯汀后来对我说，真希望当时把他的话录音，记录下来。以她多年主持公共艺术协会的经验，克里斯汀知道，雷宜锌与基金会的合作绝不会一帆风顺。

为雷宜锌充当艺术翻译的卢伟民先生在美国打拼多年，他在为自己争取平等权益的奋斗中，亲身经历过美国社会对少数族裔的轻视和不公。他参与创立的"百人会（Committee of 100）*"以求同存异的双赢战略为宗旨，促进中美两国以及海峡两岸之间的政治、经济和社会交流，一直为争取亚裔人群的权益而努力。这时他也感到风雨欲来，向雷宜锌提出了忠告"你要记得，马丁·路德·金的精神不仅属于美国黑人，也属于全世界。"

但有一些美国人并不这样认为。

---

*注释：百人会，美国华裔精英组织，由著名华裔建筑师贝聿铭等人发起，于1990年成立。入会资格十分严格，现有会员130人，全部都是在美国社会中有影响力与相当知名度的华人组成。成员包括贝聿铭，马友友，田长霖，骆家辉，杨致远，李开复等。

第六章　硝烟弥漫

雷宜锌从10岁起就知道马丁·路德·金的鼎鼎大名，但从未想到过有机会为这位著名的美国领袖制作雕像。他的艺术才能和心理承受能力都将受到空前的考验。首先他需要大量的资料，不仅要仔细研究马丁·路德·金的面貌特征，还需要了解马丁·路德·金的一生，他的个性、他的习惯，这样才能将这位名垂青史的人物塑造得栩栩如生，令人信服。

黑人雕塑家德怀特邀请雷宜锌到科罗拉多州的丹佛市去拜访他，届时会将自己收集的很多资料交给雷宜锌。雷宜锌欣然前往，全无防备。

2006年雷宜锌在丹佛与德怀特合影

德怀特心里明白，对于这个工程自己力不能及。这也是为什么他一直在积极帮助基金会寻找一个能真正胜任的艺术家。当他站在《遐想》雕塑前，他曾情不自禁地对杰克逊说："我做不出来这样的石雕，没有这位艺术家这样的功力。"这个人现在找到了，他必须依靠雷宜锌的能力。他为自己作了最后一次努力，想要承担这个具有历史性意义的工作。这可是千载难逢的机会，任何黑人艺术家都会因为承担这个工程而深感幸福。他避开基金会，直接向雷宜锌提议，由自己作为主创艺术家，而雷宜锌则负责把他创作的泥塑放大为纪念园所需的大型石雕。这等于说雷宜锌将

作为德怀特工程上的助手,而完全失去创作机会。

雷宜锌有些吃惊,完全不明白这其中的来龙去脉。当他困惑地打电话向基金会的总建筑师杰克逊询问究竟时,杰克逊毫不犹豫地告诉他:"不要管别人怎么说,你就是我们所需要的主创艺术家!"

直到创作后期,德怀特才将原来答应给他的资料寄来。这并没有影响雷宜锌的创作,基金会所提供的资料加上他自己收集的信息,已经足以把一个人淹没了。

六个星期之后,当基金会来访时,雷宜锌拿出自己创作的模型全身像,展示给他们,征求意见。他们大为惊讶和钦佩,没想到雷宜锌只用了六个星期,就拿出了如此出色的作品甚至超出了他们原先的期望。

2007年年初,马丁·路德·金纪念园基金会正式对外界宣布,已从马丁·路德·金的著作中选取了14句名言,这些名言将被镌刻在纪念墙上。同时,基金会还宣布,纪念园中的《希望之石》,即28英尺6英寸高的马丁·路德·金雕像,将由中国雕塑大师雷宜锌作为主设计师来完成。而雕像所需的石材则选用中国的浅灰褐色花岗岩。雷宜锌和他的团队将全权负责雕像的制作。完成之后,雕像的所有部分将会运至华盛顿安装。

与此同时,国家艺术委员会举行了听证会,评审为马丁·路德·金雕像设计的小样。听证会的评审委员是美国总统亲自任命,由最权威的艺术家、建筑师、规划师组成,他们被认为是最挑剔的专家。在此之前,纪念园中的瀑布设计经过几轮评审都未获通过。因此，在听证会之前，基金会负责人有些担心评审委员是否能接受一个中国雕塑家和他的作品。在艺术上，任何作品的瑕疵和败笔，都无法逃过这些权威的专业眼光；另外，中国艺术家的艺术风格是否能让评委们接受也是一个悬念；同时也不能排除政治因素的影响，或许评委们会认为，这个具有历史意义的创作应当由美国人来担当。

首先由基金会总建筑师杰克逊向评委们介绍了选定雷宜锌作为主创艺术家的经过，接下来由雷宜锌解说《希望之石》和《绝望之山》小样的构思及艺术处理。他穿着笔挺的中式服装站在评审委员会面前，通过翻译将自己的艺术设计理念传达给评委。听证会的评审过程显得极为严肃、紧张。

最后，艺术委员会主席要大家举手表决，结果全票通过了雷宜锌的设计。在场所有的纪念园基金会成员都过来拥抱和祝贺雷宜锌，翻译对不知所措的雷宜锌解释说："大家认为你的作品无可挑剔，解说也很精彩，征服了这些苛刻的评委，真是可喜可贺！"

评审进行得非常顺利。或许国家艺术委员会的评委们当时也料想到可能会引起争议，但他们也许没有预见到，未来发生的争议会如此激烈。而雷宜锌也没有想到，自己的作品将受到前所未有的抨击，抨击直接牵涉到他本人。质疑来自美国社会，尤其是黑人团体。

雷宜锌在美国国家艺术委员会关于马丁·路德·金纪念园的听证会上阐述自己的设计

由中国雕塑家雷宜锌来塑造马丁·路德·金雕像，这个消息一经宣布，就如同一石激起千层浪，媒体哗然，并且在美国公众间引起一场言论大战。

首先是原本期望获得这一历史性雕塑任务的其他艺术家开始质疑这一决定。在

MASTER LEI YIXIN
SCULPTOR OF RECORD

Martin Luther King, Jr. National Memorial

Prepared by the Washington, DC Martin Luther King, Jr. National Memorial Project Foundation, Inc.

FEBRUARY 15, 2007

马丁·路德·金国家纪念园基金会海报,官方介绍雷宜锌大师为《希望之石》的雕塑家反对者中，最激烈的是亚特兰大的吉尔伯特·杨夫妇。吉尔伯特·杨是一位非裔画家。他强烈要求马丁·路德·金雕像应当由一位黑人雕塑家担当，所用石材，也应当来自美国本土。他的呼吁得到了一些人的支持，包括美国的花岗岩工作者。杨夫妇建立了一个网站，域名十分醒目，叫做"金是我们的（kingisours.com）"。

吉尔伯特·杨是一位全美知名的黑人艺术家。他的代表作《他并不沉重》（He Ain't Heavy）是一幅广为流传的作品。在那幅画上，一位健美的黑人青年俯下身伸出手试图去帮助一只显然在挣扎的另一只手。这幅作品早已成为代表社会责任感的经典画作，也成为他的个人标志。吉尔伯特·杨一生致力于帮助年轻的黑人艺术家，关注黑人群体的权益。

也许因为他太过于关注黑人，而忘记了除了黑人与白人之外，世界上还有其他民族。他激动地写道："纪念园基金会的领导者们竟然无法找到一个可以雕刻马丁·路德·金的黑人艺术家吗？纪念园的设计方案通过竞标确定，可是选择雷宜锌有没有公平竞争呢？"

他进一步发出愤懑之词："走遍世界，中国、俄罗斯、法国、意大利、印度、德国，没有一个纪念雕像上刻着黑人艺术家的名字。这并不是他们不喜欢我们，而是每一个纪念雕像都是那个国家的文化遗产。"

他说的也许是事实，确实没有美国黑人艺术家创作过别的国家的纪念性建筑。不过，纽约的自由女神像出自法国艺术家之手；巴黎的地标性建筑卢浮宫的金字塔出口，是美籍华裔建筑师贝聿铭的杰作。

吉尔伯特·杨在下面的一段话里透露了他的真实想法："对于那些相信马丁·路德·金属于全世界的人，认为他的工作、他的话语、他的立场是国际化的人，请你们花点时间去回顾历史，看看他的演讲。在《我有一个梦想》的演说中，黑人这个词出现了14次。金关注的是谁，这毫无疑问。"

这段话恐怕是这场争议的关键。非裔美国人当然有理由认为，马丁·路德·金属于黑人，属于美国。但其他民族，尤其是同样受到不公正待遇的人们可能不会同意，马丁·路德·金的理念同样是他们摆脱受歧视命运的希望。这种不同意见其实也是马丁·路德·金与其他一些黑人民权运动领导人的分歧之一。1968年，他发起了一场运动，旨在改善穷人的经济状况。他所关注的对象已经超出非裔的范围，而是所有弱势群体，同时他主张种族融合。一些黑人民族主义者和种族分离主义者反对他的主张，仍然希望将关注的焦点集中于黑人的权益上。

美国雕塑家克林特·巴滕也加入了杨的行列。在一次公开集会上，呼吁大家加入他们的斗争。巴滕大声疾呼："现在美国人自己有机会好好地用美国的花岗岩，用美国的观念在美国土地上来纪念马丁·路德·金。我自豪地与吉尔伯特·杨站在一起，向世界证明，一个黑人和一个白人就能共同为美国有所作为！"

真是说得好，感谢马丁·路德·金，黑人与白人现在能站在一起了，团结起来反对黄种人。不知道金博士地下有知，会作何感想。

吉尔伯特·杨与他的支持者们似乎难以忍受在他们心爱的马丁·路德·金的雕像上，作者签名竟不是一个黑人。他们对于马丁·路德·金的敬爱如此之深以至于不允许其他人来分享，不允许整个世界分享。

这一切虽然并没有让雷宜锌感到愤怒，但却让他陷入了困惑："马丁·路德·金的梦想难道不就是终止种族主义吗？让所有人都拥有同等的机会。我只是很幸运地拥有了这次机会而已。"

对于中国人来说，种族主义似乎离我们很遥远，那是一帮纳粹分子和三K党徒所干的蠢事。但如果我们诚实地面对自己，当看到戴着头巾的阿拉伯人，或者印度人，或者脸上画着图案的非洲土著，心中是否也有一点点轻视之意？如果是，那么种族主义离我们并不是遥不可及。

种族主义并不太难理解，人类本能地排斥异己，尤其是对于文明状态不太理想的异族。人人平等的理想非常美好，但需要理智和良知的参与。人们想当然地认为自己显然具有理智与良知，实际上这并不那么容易做到，否则世界上就不会有不绝于耳的争吵。而对于实现平等，大家都有不同意见。对于少数民族移民，美国社会倾向于保留其各自文化，如果能互相理解，进而相爱，那最好不过。如果不能做到，也可以敬而远之。欧洲社会却主张少数民族能融入主流文化，阿拉伯移民既然要在与法国人在同一张桌子上用餐，就最好左手拿叉，右手持刀，忘了手抓饭。

种族主义既不那么遥远，也不那么简单，并不容易解决，各种理念的冲突和斗争也一直存在。黑人民族主义无疑更关注本民族的自豪感和自信心，而超越民族、超越种族的民权理念则更具有世界性。围绕着谁来为马丁·路德·金塑像的问题，黑人民族主义者和更具世界性的民权主义者发现他们之间仍然无法达成一致。

这次的辩论把雷宜锌这个不善于表达自己的人推到了公众面前。他的朋友，湖

南师范大学美术学院院长朱训德说:"我们都骂他,从来不愿意出头露面,花时间去宣传自己和自己的作品。"雷宜锌却不以为然:"艺术家又不是演电视剧,我们应该是隐身的。"不过这回他无法隐身了。

这时黑人雕塑家埃德·德怀特也加入了杨夫妇的阵营。他还有些余怒未息,因为基金会没有请他做主设计师。他申诉说,基金会本来是签订了合同,请自己做主创设计雕像,可是当雷宜锌出现了之后,他却被排挤出局。

德怀特的确有理由感到痛惜,他曾为另一位黑人民权领袖菲利浦·兰道夫创作了一个半身像,放置在华盛顿联合车站。当马丁·路德·金纪念园工程还在摇篮中时,另一个也将位于国家广场的纪念园已募得1500万美元资金,并聘请德怀特为此纪念园创作了一组群雕,表现美国独立战争期间的黑人士兵。后来因为种种原因,这个纪念园计划最终流产,未能建成。接着,德怀特曾有机会为马丁·路德·金纪念园创作雕像,无论从政治因素、艺术水平及以往作品的价值等各方面来说,他都应该是最佳人选。可是他所创作的四件样品均不理想,未能达到基金会所预想的艺术效果。而雷宜锌的出现,使他彻底失去了在国家广场留名的大好机会。

纪念园总建筑师杰克逊曾经请德怀特用三个词来描述他自己。德怀特回答说:"我是一个创业者,一个商人,一个雕塑家。"把雕塑列于最后,也许是德怀特有心想让自己显得无所不能。但在杰克逊听来,却不是滋味。

德怀特写了长达13页的批评,认为雷宜锌的模型塑造的是一个干瘪萎缩的人物,他宣称雷宜锌不是黑人,不懂得黑人的站立、行进的姿态。也许他没意识到,这么说其实毫无说服力,难道说要想画好一匹马,艺术家必须是一匹马?

这时的德怀特,已经完全忘记自己在圣保罗认识雷宜锌时所说的话。他曾经那么干脆的宣称,选择一位中国艺术家,正是体现了马丁·路德·金的理念。

与雷宜锌合作的美国艺术家罗克德说:"德怀特一直想争主设计师的位子,他真是个输不起的人。"

罗克德的一位表兄站在反对派一边,他问罗克德,你究竟帮雷干了些什么?罗克德回答说,自己常去中国与雷宜锌商讨,对他的模型提出意见,做些指导。这位表兄发挥自己的想象力说:"哈,既然你可以指导他,你完全可以自己动手来做嘛!"

不知道罗克德是怎么回答他的,但这位表兄显然混淆了艺术评论与艺术创作的不同。作为一个普通美国人,不懂艺术无可厚非,但他难道不是球迷吗?球场上的教练常常对明星球员指手画脚,甚至不留情面地破口大骂,但从不自己下场一搏。

辩论逐步升级。德怀特甚至宣称,基金会之所以选择雷宜锌和中国花岗岩,是因为基金会将得到中国政府捐款2500万美元,帮助他们尽快达到募捐目标。这下把水搅得更浑了。

对于吉尔伯特·杨夫妇的呼吁,辩论另一方不为所动,他们心平气和地提醒说,"如果你们掌握了纪念园基金会非法操作的证据,你为什么不将他们告上法庭?'金是我们的'这一口号本身,本身不就透露了你们狭隘的种族主义倾向吗?"

一位黑人建筑师在他的博客中写道,纪念碑是一个象征。当象征意义在他的杰作中凸显,艺术家本人就消失了。如果马丁·路德·金纪念园建成以后,它很精美,所有关于建造过程的争议自然都会消失。只有不明白这个基本道理的人才会去抗议其设计者和建造者。要批评就搞美学批评。除此之外,就只剩下金钱和政治了。

他说的一点不错。这其中确实有太多政治因素,而不单单是雕刻一个纪念人像那么简单。即使是美国民众,关于纪念园应该是纪念金本人还是民权运动,都争论得不可开交。

《华盛顿邮报》的一篇文章很温和地批评了纪念园基金会的决定,竟然选择了

《洛杉矶时报》记者采访雷宜锌

一位中国艺术家创作马丁·路德·金雕像。作者首先肯定了上面那个博客的观点，不应当因为纪念雕像的创作者的种族而反对他。但是，他同时也指出，当前美国社会仍旧存在种族问题，非裔美国人作为少数民族，仍然难以完全融入主流社会。这个马丁·路德·金的雕像，如果由黑人艺术家来制作，本身就会具有一种象征意义。

有新闻媒体甚至派出了驻华记者去接近雷宜锌，在他毫不知情的情况下，访问他的工作室，报道说，雷宜锌在中国也不是知名人物，工作室的条件十分糟糕等。这些报道虽然并未有实质性的批评，基金会为小心起见提醒雷宜锌保持低调，避免与媒体的接触，谈论纪念园的项目。

雷宜锌走出他的工作室

对此种种争议，雷宜锌泰然处之，私下表示十分理解美国公众的激烈反应。他说："假如咱们的天安门广场要立雕像，而作者是美国人，我们也会表示不满嘛。"

说起来，雷宜锌并不是第一个把名字留在华盛顿国家广场的华人。位于林肯纪念堂北侧，与朝鲜战争纪念园南北相对的是越南战争纪念园，那里有一面阵亡将士纪念墙，其设计者是林璎（Maya Ying Lin），一位美籍华裔建筑师。她与雷宜锌有着非常相似的幸运和同样备受攻击的遭遇。

1980年，国会批准在华盛顿国家广场修建越南战争纪念园，并设立5万美元奖金，展开设计比赛，每件设计作品以编号的匿名方式送交评审。第二年，在1421件作品中，评委一致选中第1026号。当评委会揭开设计者的身份，就是当时耶鲁大学建筑系学生，21岁的林璎。这个评审结果引起了轩然大波，而主要反对者是参与越战的老兵。

首先其设计者的亚裔身份就是一个敏感问题。

林璎的家世可以说非常显赫。20世纪初，清王朝覆灭，辛亥革命胜利，她的祖父林长民是推动这次历史进程的精英分子之一。民国初期，他历任中华民国政府参议院及内阁要职，参与制定中国第一部宪法《临时约法》，并作为民国政府代表游历欧洲，是那个时期大名鼎鼎的政治家和外交家。

历史容易被渐渐遗忘，八卦新闻却常留世间。随着时间的推移，进入21世纪，林长民的名气却远不如女儿林徽因，也就是林璎的姑母。林徽因的大众名声主要来自于她与大诗人徐志摩之间扑朔迷离的爱情故事。其实她是民国时期有名的秀外慧中的才女，也是一个富有才华的艺术家。林徽因曾经留学美国，与林璎同行，是一名出色的建筑学家。她和丈夫梁思成一起为保护中国古建筑而呕心沥血，还曾经参与设计天安门广场上的人民英雄纪念碑和中华人民共和国国徽。林家真是人才辈出姑侄二人，一个在中国，一个在美国，在建筑领域都是卓有成就。然而林璎的显赫家世全都留在了中国，出生于俄亥俄州的林璎，是土生土长的美国人，她甚至不懂中文。没有受到显赫一时的家世的荫庇，林璎反而因为一张亚裔面孔得到不公正的待遇。

美国虽然是一个彻底的移民国家，号称世界大熔炉，但其主要人口是来自欧洲的早期白人移民后裔，超过美国总人口的70%。亚裔人口只占5%左右，而且其中很多人是移民历史不到50年的新移民。在很多美国人的心目中，不管自己的祖辈来自爱尔兰、意大利、还是瑞典，他们都会把自己看成是"真正的美国人"，同时会相当自豪地提到自己的出身，对先辈的祖国充满敬意和眷恋。但对于一张亚裔面孔，却往往会问,你是哪里人？越南人还是日本人？仿佛他跟自己不同，不是美国人。

越南战争纪念园征集设计方案，一个亚裔女孩作品的入选，触动了一些人的神经。尤其是因为越南战争，本来就是一场针对亚洲国家、对抗共产主义的战争。战争从1959年开始，直至1975年。美国打了16年的艰苦战争，却以美国的对手的全面胜利而告终。对于美国来说，这是一场损失惨重、颜面尽失的战争，是美国历史上一个痛苦的伤疤。

然而毕竟时间已经到了20世纪80年代，民权运动早已深入人心，对于林璎的亚裔身份的敏感，只是隐隐约约地存在于反对声音的弦外之音，当反对声音显露出种族歧视倾向的观点的时候，立刻遭到人们的反感和鄙夷。

评审委员及首都规划委员会都极为欣赏林璎的设计，主流媒体也向林璎的设计方案倾斜。在她的设计中，纪念碑是一个简洁的"V"字形，呈125度打开，陷入地下，用磨光的黑色花岗岩建造，雕刻上越南战争中阵亡将士名单，以其阵亡或失踪年代排序，而不是像通常纪念碑那样，按照字母排序。这种排序体现出每一位阵亡者的牺牲在历史中的位置。光滑的黑色石墙又像镜面一样，映出寻找名字的参观者的影子。

从表面上看，争议的焦点是她的设计缺乏许多传统元素，譬如战争纪念碑上常有的爱国文字、战士的雕像、旗杆和修饰性雕塑。一心希望看到这种传统纪念碑的越战老兵抱怨说："我不关心艺术，我想要的就是一个能够缅怀的地方。"

换句话说，艺术家可以任意寻求突破传统，大众不过是旁观者。喜欢或是不喜欢，笑一声，骂一句，事不关己，又何必过于认真。但建筑设计是公共艺术，跟公众的情感密切相关。关键在于公共艺术是大众花钱建立的，这就不是设计者一个人的事了。人们不但会站出来说话，而且最有发言权。当公众艺术的设计突破了传统，跟人们事先想象得大不一样，就不免受到传统的强烈反击。

受到质疑的首先是设计本身，然后又反射到设计者及其支持者。一方面，反对者指出，这样一个年轻的设计者根本无法理解战争，无法理解越战老兵心中的伤痛。她的设计让他们觉得那是地面上一道耻辱而丑恶的伤疤。越战老兵为战争付出了最痛苦的代价。然而战争的失败，却使得他们成为国家英雄的梦想成为泡影。他们不愿意去正视伤痛，宁愿沉湎于自己及战友在战场上的英勇和牺牲的追忆。而另一方面，却是民众及社会精英分子对战争本身的残酷和越战的失败进行沉痛反思，并不热衷于表现此次战争中的英雄主义。

从1960——1970年历时10年，美国国内舆论呼吁尽快结束越南战争，民间反战运动如火如荼，几乎全体美国人都卷入了反对或者支持越南战争的斗争。建造越南战争纪念碑，争议再所难免，简直可以说是意料之中。人们选择了不同的立场，从不同的角度看待越南战争，就不免用不同的眼光来设计和欣赏纪念碑。

就这样，评审团再次被组织起来。但是第二次评审结果，林璎的设计仍然获得第一名。看来参与评审的专家学者实在无法抗拒一个出类拔萃的艺术作品的魅力。但由于受到出资人的巨大压力，基金会必须对两方面的意见都作出妥协。最后的决定是，将林璎的设计和第二名的设计一起建造，包括了三名越南战争士兵的塑像，又在入口处立了国旗。林璎坚持自己的设计，对此妥协深感不满。而在1982年纪念碑揭幕仪式上，人们甚至都没提到她的名字。

今天的越南战争纪念园，在平滑反光的黑色石墙上，刻着近6万名阵亡将士的姓名。黑色墙面，与郁郁葱葱的绿色草坪相映衬。整个碑墙两边低中间高，碑墙上所铭刻的名字从两边向中间不断增多，观众由外向内走去，渐渐萌生一种越来越强的震撼感。这面没有英雄形象，刻满了死去人名的黑墙，具有无可抗拒的感染力。徘徊其间，人们祭奠着将士们牺牲他乡的灵魂，思考着战争与和平。这面越南战争阵亡将士纪念墙已成为建筑史上的经典之作。

第七章 理解和支持

与林璎的亚裔背景受到质疑类似,雷宜锌的国籍也成为批评的目标。

对于选择一名中国艺术家来创作美国领袖的塑像,质疑声不绝于耳难道就不能选择一位美国黑人艺术家,至少是一位美国艺术家,来创作这么重要的雕像吗?半个多世纪以来,美国在整个世界经济和政治之中的地位,使得他们无法相信,居然也有美国人无法胜任的工作。实际上,公众并没有意识到,美国人不能胜任的工作,几乎每天都在发生。

基金会主席约翰逊(右一)、总建筑师杰克逊(右二)和艺术顾问詹姆斯·沙福士(左一)、乔恩·罗克德(中)访问雷宜锌工作室

在每一个外国人被雇佣之前,为了获得工作签证,美国雇主都必须向劳工部陈情说明,在同等的工资待遇条件下,他们无法找到具有类似工作背景及能力的美国人来胜任此职位。每年都有成千上万的来自国外的专业人士,填补美国就业市场的

空白。仅2009一年就有约10万短期工作签证发放给来自世界各国的各行业人才。作为一个移民国家，美国自建国以来就一直兼容并蓄，取他国之长，补己国之短。基金会现在所作的决定，跟其他美国公司雇佣外国人没有什么本质区别。

基金会对于外界的种种质疑一一作出解释。首先，雷宜锌的入选并非轻率，而是经过长期考察作出的结论，是一个设计团队的集体决定。而这个团队的12名成员中，有10名黑人。不仅如此，雷宜锌还将与两位美国艺术家密切合作，这两位也都是非裔。

基金会主席哈利·约翰逊说："我们从未接触过请求捐款的中国官员或者公司。我们选择雷，是因为他的艺术能力，他善于把握人物个性，精于雕刻花岗岩，并且具有丰富的大型公共雕塑的经验。"

约翰逊进一步表示，马丁·路德·金的根本理念是超越种族、肤色以及社会阶级的偏见来判断个人，而我们在选择雕塑家的过程中就是这样做的。我们只考虑雕塑家的天赋，对雕塑的理解和完成雕塑的能力。约翰逊说："雷宜锌之所以被选中，只因为他是这项工作最合适的人选！"他还举例说："比如休斯顿火箭队与姚明合作，或者好莱坞电影请成龙主演，这些都没有什么差别。"

关于石材的选定，也并非外界所说的那样简单，也经过了审慎的研究。华盛顿国家广场上的雕像，比如林肯像，是传统石雕所采用的白色大理石。然而林肯像覆盖在纪念堂下，并非直接暴露在室外。金的雕像根据已确定的设计方案，是室外雕塑。大理石石质较软，易风化，纯白色易被污染，不易清洗维护，而且也不符合黑人的肤色。另外，为了跟国家广场其他建筑的颜色搭配，花岗岩必须是浅暖色调，因此从一开始，基金会便寻找浅棕色调的高硬度花岗岩。而这样色泽和体积的石材，不是随便在哪儿都能找到的。在对比了美国、意大利和中国的石材以后，基金会的设计组发现中国的石材色泽、质地、硬度都达到预期目标，质量较美国和意大利的石材为佳。当然，选用中国的花岗岩，对于雷宜锌和他的团队来说，也更为方便了。

"金是我们的"这一呼吁具有过于明显的种族倾向，令多数人反感。而接下来，不可避免的是雷宜锌的作品也遭遇到同样的舆论风暴。

基金会主席约翰逊（右）、总建筑师杰克逊（左）访问长沙考察雷宜锌的泥塑

2008年雷宜锌所做的1:1泥塑雕塑模型发表后，《华盛顿邮报》文章评论说："从未见过马丁·路德·金双手抱在胸前，身穿制服，拒人千里之外，不可接近的样子。"有一位评论者曾经参与了当年金所领导的民权运动，他也表示："在基金会发布的模型中，马丁·路德·金双手交叉在胸前，从来没有见过金有这样的姿态。这位作者从未在美国生活过，即使他看过全部有关金博士的材料，他可能也无法真正理解一位美国英雄。"

这与当年对林璎的批评何其相似：一位亚裔女孩无法理解越南战争，一位中国艺术家无法理解美国英雄。看上去很有道理，其实都是想当然的外行话。当白人加入黑人争取平等权益的阵营，没有人说他们无法懂得黑人的悲惨现状；历史学家大卫·加罗撰写了马丁·路德·金传记，并因此获得普利策奖，没有人说他这个白人无法懂得这位黑人领袖。

雷宜锌的雕像也并非出自想象，而是脱胎于一张马丁·路德·金的照片。在照片里，他站在"圣雄"甘地的画像下，双手抱在前胸，注视着前方。早在征集纪念园设计方案时，基金会选中这张照片作为蓝本，因为这个姿态反映了马丁·路德·金作为思想者的一面。雷宜锌的艺术手法使得雕像的双臂更加坚定，眼神更加自信，又同时呈现了这位"民权之父"作为斗士的一面。

但是，在2008年，当金的1:1全身塑像模型呈交基金会，并报各规划及艺术委员会审批时，却未得到通过。艺术委员会认为，雕塑的"面容严肃，动作僵硬"，"双手抱在胸前，冷冰冰的表情"，其巨大尺度和"社会主义现实主义"的表现手法，让人们想起过去社会主义国家的政治雕塑，使金的人物造型看上去太有对抗性。这个评语与一年前国家艺术委员会全票通过雷宜锌的设计时的态度，真是180度的大转弯。看来即便是最权威的专家，其观点也不能不受到公众舆论的影响。

美国人普遍认为在他们的国家，没有任何一件事情不引起争议，似乎也只有这一观点是毫无争议的。在公共建筑的建造时期，对于其设计的攻击，在美国社会可以说是司空见惯。国家广场任何一个纪念园的建造，从美国的地标性建筑——华盛顿纪念碑开始算起，都没能逃过舆论的炮火。

法新社记者采访雷宜锌

今天的华盛顿纪念碑是一座高耸入云、线条简洁的方尖碑，是美国的地标性建筑之一。而在最初的规划中，华盛顿纪念碑是一座巨大的雕塑。1799年华盛顿去世后，筹建工作就开始进行。然而历经多年的讨论，国内外的种种努力一直没有达成共识。直到1833年，华盛顿国家纪念碑协会成立，筹建工作才步入正轨。协会举办了纪念碑设计竞赛，入选方案是一座600英尺高的方尖碑，其底部以高大的希腊式神庙柱廊环绕，神庙顶上有一系列雕塑。很多见到过此方案的人都认为其形式过于繁复，不符合华盛顿个人朴实无华的个性。反对意见还涉及其设计的建筑形式，把埃及的方尖碑与希腊的神庙重叠在一起，实难协调。雪上加霜的是，纪念碑协会开始筹款以后，计划中的100万美元只筹了不到3万，就遭遇了美国经济萧条。拖到10年后才动工。工程建到156英尺高时资金用完，又再度停工。一停就是26年。其间的尴尬窘迫深为国人诟病。直到1880年国会拨款，设计也改成555英尺高的单纯方尖碑。纪念碑才终于在1884年完成，这时华盛顿逝世已将近一个世纪了。时至今日，纪念碑两次施工所用石材的色泽差异，在阳光下仍是历历在目。

对于遍及全美的马丁·路德·金的雕像，公众的意见也是五花八门。雕塑家们不得不领教各种各样的抱怨，从"态度傲慢"到"脚太大"，无奇不有。

在北卡罗来那州的洛基山市，人们花了5.6万美元建造了一座马丁·路德·金的青铜像。这座铜像真是命运多舛。一开始，以白人为主的市议会批准了一位白人艺术家建造这座雕像。一俟揭幕，它就被市民评论为"态度傲慢"、"完全不像金"，根本无法接受。后来这座雕像索性被推倒拉走。

在布法罗市，一位黑人州参议员正准备申请拨款，用来替换一个金博士的人像，因为市民们长期以来，一直抱怨这座人像跟金博士毫无相似之处。

在北卡罗来那州的夏洛特市，曾有一个不太成功的活动，目的是替换一座全身塑像的头部。当地报纸称这座雕像为"世界上最丑陋的马丁·路德·金像"。

金的夫人曾经指着某处的一座纪念雕像说，"那可不是马丁！"

雷宜锌在接受了建造马丁·路德·金像以后，曾经仔细地研究过美国所有现存的金博士的雕像。他完全有信心创作出一个比以往作品更出色的马丁·路德·金像。在他的创作中，将马丁·路德·金的身高比例拉长，因为如果按实际身高比例来做，会比实际身高看上去更矮。这也是雕塑家常用的手法，比如米开朗基罗的大卫，身高是头长的9倍，这样做使得人物显得匀称、伟岸。雷宜锌追求的绝不是简单的具象再现，而是更有震撼和内涵的表达。

不过，艺术创作是一回事，如何说服公众是另一件事。

前面提到的洛基山市的铜像，这时也被人们翻出来旧事重提，因为这座铜像的蓝本是同一张照片，都是马丁·路德·金双手抱在胸前，双脚分开站立。有人批评说，"既然洛基山市的铜像早已被公众否决，为什么纪念园基金会却还要采用同样的姿态？"

不过，洛基山市的铜像被公众否决的原因是"态度傲慢"，这一回艺术委员会的意见是"具有对抗性"。虽然是基于同一张照片，经过不同艺术家的不同诠释，效果却全然不同。

更有人挑剔说，雕像中的马丁·路德·金居然左手握笔，难道他是左撇子不成？

雷宜锌在回应《华盛顿邮报》的采访中表示，雕塑艺术和芭蕾舞一样，是从西方传到中国的艺术。艺术没有国界，只有优劣之分。协同雷宜锌一起工作的两位黑人艺术家詹姆斯·沙福士（James Chaffers）和乔恩·罗克德（Jon Lockard）则完全不同意规划艺术委员会的看法。他们认为雷宜锌的雕塑表达了金作为一位战士的鼓舞人心和有力的形象。密西根大学教授乔恩·罗克德进一步说，金就是一位斗士，为和平而奋斗的战士，而不是一个心平气和的和平主义者。

这时，金的家人也站在基金会一边。金的儿女对雷宜锌表示感谢，认为他的雕塑表达了他们心中父亲的形象。金的侄子法理斯说："太有对抗性吗？那你觉得我叔叔当年在做些什么事呢？"

关于这些争议，雷宜锌也承认："金的雕像应该像什么样，即使在基金会内部，大家也有不同意见。有人认为，雕像应当反映金作为和平大使的形象，也有人希望表现他的智慧和修养，也有人想把他表现为顶天立地的斗士。正如一千个哈姆雷特的读者，就有一千个不同的诠释。"

《华盛顿邮报》副主编，黑人专栏作家尤金·罗宾逊撰文支持雷宜锌的设计，文章题为《他正是金》。他在文章中说，"对抗，是他（金）身上的一个基本特质……雷的雕像固然有些冷冰冰，但我开始逐渐爱上这尊雕像。如果面临两个选择，一个马丁·路德·金是以圣徒般的殉难来救赎白人美国的灵魂，另一个马丁·路德·金是对抗的，以不屈不挠的意志来改变国家，我会选择后者！"

基金会在主席约翰逊、总建筑师杰克逊等人的主持下，完全支持雷的雕塑。但

雷宜锌与基金会董事会主席罗得瑞可·吉伦合影

面对复杂的争议,艺术家既要坚持原则,又要有灵活应变的能力。公共艺术毕竟并不只属于艺术家本人,还需要倾听公众的声音,公众的心理需求。更何况,如果不能通过规划艺术委员会的评审,工程必将无法进行下去。

与当年年轻气盛的林璎不同,雷宜锌在自己常年创作公共雕塑的经验中,明白别人的意见是值得听取的。他并不排斥对作品进行一些改动。这一次,基于"太具有对抗性"的意见,雷宜锌对雕像的面部表情作了温和化处理,将眉头和咬肌去掉,在电脑上又完成了四个表情不同的头像。雕像左手中的笔原本是ROMA设计方案中一个意外性的失误,这时也换成了一卷手稿。

《华盛顿邮报》记者带着雷宜锌创作的模型照片在街头采访路人,询问公众意见。大多数人都认同雷宜锌的设计,认为模型符合自己心目中金的形象,没有一位黑人同意国家艺术委员会的看法。这时金的儿子也坚决站在基金会一边,他声称:"父亲一直在抗争,如果不抗争,他还活着。"他仍然支持第一稿。这让雷宜锌深感欣慰,事实说明自己的第一感觉是对的。

国家艺术委员会也最终认同了雷宜锌的模型。在协商过程中,基金会与雷宜锌始终站在一起,达到高度的默契。尤其是总建筑师杰克逊几乎一个人承担了来自舆论的压力。

随着规划当局对雕像模型的认可,纪念园的规划和设计最终尘埃落定。美国公众关于马丁·路德·金纪念园的争议,也暂时告一段落。

诚然,如果第一位在国家广场的黑人公民的雕像,由一位黑人艺术家来完成,将会具有双重的象征意义。然而,由一位中国艺术家来创作,则彰显了马丁·路德·金的理念:看待一个人,不应以他的肤色,而应当以他的人品和能力的优劣来判断。

这一场舆论大战,媒体界大为兴奋了一阵,各种人物纷纷登场,社会活动家、社会工作者、历史学者、大学教授、政客、专栏作家。在这个网络时代,公众的参与更广泛更直接。比起20世纪80年代关于越南战争纪念碑的争议,这一出大戏更为热闹。他们撰写博客,在报纸杂志的网站上发表评论,与权威人士叫板,又在公共论坛上打得不可开交,把对方骂得狗血淋头。

正如一位麻省大学的教授所说:"这场争论本身比结果更具价值。"

关于越南战争纪念碑的争议,焦点虽然集中在设计及其设计者身上,但实际上反映的是美国人民对那场痛苦战争从不同角度的反思。马丁·路德·金纪念园,也让美国人民再次思考,究竟什么是真正的马丁·路德·金精神,谁有权拥有这个精神;纪念园仅仅是一个缅怀过去的地方,还是一个警示,告诫人们,领袖已逝,后人该当如何抱持他的理想,继续面对这个世界。

争议告一段落,但只要工程并未结束,风波也不会完全平息。前面还有更多的困难在等待着基金会和雷宜锌。

在基金会与雷宜锌的合作中,对于彼此的理解和支持,都深感欣慰。总建筑师杰克逊作为建筑学博士,充分理解雷宜锌的艺术表现。尽管语言不通,为完成纪念园竭尽全力地工作,使得他们彼此互相钦佩。曾经问过德怀特的问题,杰克逊又抛向雷宜锌:"请你用三个词来描述一下自己。"

雷宜锌想也不想地回答说:"我是一个雕塑家,我是一个雕塑家,我是一个雕塑家。"

这绝不是杰克逊意料中的回答,却像又一道闪电击中他。世上本没有完美的雕像,但对于一个心无旁骛的艺术家,完美的作品是他唯一的追求。这已经足够。

第八章　青少年时代

有时候我是一个怀疑主义者，一直不太相信那个"天分加勤奋等于成功"的公式。我总觉得那些成功的人有一些特殊之处，要么天赋禀异，要么偶有奇遇，恰好碰对了天时地利。认识了雷宜锌，我也曾经想当然地认为他或许也有特异之处。但是我越了解他，就越觉得雷宜锌仿佛是一个"天分加勤奋等于成功"的活生生的例证。他并非一直是幸运儿，碰到过运气，也遭遇过不幸。他的每一步成功，都是因为持续不懈地努力，最终水到渠成的结果。

现在的人们总是强调，不能让孩子输在起跑线上。对于20世纪50年代年代出生的人来说，根本就没有什么起跑线。

雷宜锌出身于书香门第，却并非艺术世家。他的曾祖父雷铸寰，是孙中山先生所发起的同盟会成员，曾活跃在清末民初风潇雨晦的中国政坛中，后致力于教育事业。1926年，与中国古代著名四大书院之一的岳麓书院一脉相承，湖南工业、商业、法政三个专门学校合并，正式成立省立湖南大学，雷铸寰任第一任校长。祖父雷通鼎毕业于湖南大学，曾留学莫斯科东方大学，与刘少奇、蒋经国同窗，是一名技术工程专家。父亲雷久长同样是湖南大学毕业生，一生从事经济管理工作。雷宜锌的长辈毫无例外都从事技术工程或经济管理工作。他最初的艺术启蒙来自母亲莫思亲，一位小学美术老师。少年时的雷宜锌，并不引人注目，唯一的亮点是喜欢美术、爱画画。

那时候孩子们的学习不像现在那样紧张。今天的孩子们不但有学校的一大堆功课压下来还有学校外的功课，英语、钢琴、美术、舞蹈、下棋甚至跆拳道。现代人对自己的要求真是太高了。如果雷宜锌小时候生长在今天这样环境，他又是一个天生做事认真的人，会把每一件事情都尽力做好，那么也许他就没有时间和精力去发展自己真正的爱好——美术了。

小时候的雷宜锌，只要笔在手就会不停地画，上课的时候画老师，画前座同学的后脑勺。当老师抓住他画画的时候，也不禁惊叹，画得还真挺像！在那些涂涂画画的日子里，雷宜锌的天分渐渐显露，他开始在学校画黑板报、宣传画、忠字牌、毛主席像。成为全校闻名的小艺术家。他常常在上课期间被老师叫出去，为学校写宣传横幅，或者绘制宣传画。如果不是那本书的影响，他也许能成为一个无师自通

雷宜锌曾祖父雷铸寰与蒋介石、宋美龄等合影

1965年，雷宜锌读小学时的全家福照片（前排左起是雷宜锌和弟弟、哥哥。后排左起是表姐、妈妈、爸爸、姐姐）

的画家，他的艺术风格可能会和现在完全不同。

中学时，他意外地得到了一本美术教科书，俄国素描大师契斯恰科夫的《素描教学体系》。在世界美术史上，俄罗斯的素描艺术独领风骚。19世纪中叶，圣彼得堡美术学院的教授契斯恰科夫是公认的素描大师。他极为重视素描的重要性，认为"没有素描，就没有高度的艺术"。即使在今天，传统的素描教学已是屡次受到现代派美术思潮的冲击，中国各大美术院校仍然深受严谨的俄式素描教学的影响。这本《素描教学体系》，帮助雷宜锌奠定了坚实的素描功底，同时也为他打开了专业美术的大门。

一个十几岁的少年，对未来满怀憧憬。可那个时代冷酷的巨手打碎了他的生活，打碎了他的憧憬。1970年4月，16岁的雷宜锌还没有机会受到更多正规的美术训练，他主动报名下乡，离开家乡长沙到芷江县当知青去了。

073

雷宜锌美展作品《成长》凝聚了对童年难忘的回忆

他想要逃避，逃避每天在学校门口看到母亲被挂了"特务"的牌子，剃着阴阳头，被别人吐口水；逃避别人问起被关了牛棚的父亲。一向最为敬爱的父母突然变成人人唾弃的"坏人"，家庭四分五裂，却不知道这个突然的打击来自何处。正处于敏感时期的少年，忽然遭到被歧视被侮辱的厄运。周围的世界坍塌下来。家，已不再是安全的小港。父母被从家中带走关押，哥哥姐姐已经下了乡，自己和弟弟独自生活。

心理自卑的阴影使得他也要逃走，逃到一个陌生的环境里去，走到没有人看不起自己的地方，洗清自己身上的污点，那些因为家庭而烙上的不存在的污点。

他没有告诉父母，心里有些不平和羞耻。与许多其他同龄的中学生们一起，他挤上去芷江的卡车，却猛然听到母亲的声音，不顾一切地叫着自己的名字。她赶来了，手里还拿着两个包子。话也不知从何说起，母子之间未免有些尴尬，这却使离别变得比较容易。两个包子代替言语，说尽了一切。看着母亲挥着手的身影渐去渐远，16岁的雷宜锌感到一丝抱歉和不舍。两个包子握在手里，仿佛握着母亲温暖的关爱。卡车行了一路，包子在他的手里握了一路舍不得吃。

在芷江县晓坪公社，知青们与农民一起下田干活，寒来暑往，春种秋收。这造就了雷宜锌吃苦耐劳的性格和伴随一生的朴实作风。但是对于一个尚在启蒙时期梦想成为艺术家的他来说，那真是一个毫无希望的环境。既没有学校，也没有老师，甚至连可供观摩学习的艺术作品都没有。

然而对于所有成功的人来说，恶劣的环境对他们是毫无办法的。他们总能以某种方式摆脱环境的消极影响，为自己制造出一个有利的环境，然后走向自己的目标。

在那段艰苦的日子里，知青们睡在干草垫上，水要从老远的塘里提来，冬天只有被窝里是暖和的。雷宜锌没有从家中带什么生活用品，却将素描用具从家中带来，他随身携带，有空就画。他唯一的老师是宽广的田野、流淌不息的河水和静默的山丘。那些是大自然的造物、永恒的艺术品。他把画画当成写日记，无论是打鼓队还是抽烟的老农，每当看到一个有意思的场景，他就画在他的日记里，再写上一两句话。只有在绘画的时候，雷宜锌才忘记了困顿的环境，忘记了自己有污点的出身。在绘画的世界里，他是自己的主人。同以往各个时代热爱艺术的人们一样，艺术再次抚慰了一颗受伤害的心灵。他的绘画技巧也一天天积累起来。

旁人常常好奇地来看他画画，都觉得他画得真好。欣赏艺术，并不需要多么高

在长沙家中学习素描写生（1973年）　　在芷江美术创作班的欢乐时光（1975年）

深的理论和学问。渐渐地，远近的人们都知道有个长沙来的知青会画画。公社书记也认为他是人才，凡有招工指标给知青，公社书记都不放雷宜锌走，给他最好的待遇，当司机，开拖拉机，或是当技术员，反正就是不放人。人们都笑话他"是不是想把女儿嫁给小雷？"

过了一段时间，他被借到怀化铁路局，先是修铁路，后来负责给火车站写毛主席语录，写标语，画宣传画，布置候车室。这份工作，成了雷宜锌艺术生涯的第一步。

在铁路局做美术工作，雷宜锌乐在其中。在回长沙探亲时，为了给他更多的专业指导，姐姐找了一位湘绣厂的美工，在探亲期间每周给雷宜锌做一些艺术指导。幸运的是，这位美工并不是一位无师自通的民间艺人，他是受过专业训练的画家。在那个时代，这种情况非常普遍。专家学者统统被拉下讲台，不学无术之徒却占据高位。这使得民间藏龙卧虎，一位扫地的清洁工可能是国学大师，一位烧锅炉的工人可能是物理学家。雷宜锌在这位画家的专业指导下受益匪浅。

后来他又被调到县文化馆。1976年，雷宜锌创作了自己的第一幅作品《一代新人》，署名"知识青年雷宜锌"，终于进入个人创作阶段。

当时在文化馆，还有一个画画的名叫钱德湘。两个志同道合的年轻人一起作画，互相切磋。还一起赚外快，为新华书店画橱窗。最高兴的是为餐馆画海报，可以免费吃炒菜。真是一段愉快的时光！年轻人毕竟是乐观的，一顿好菜和朋友的笑语，已经足够忘记世上一切烦恼。那段时间雷宜锌甚至忘记了自己的出身问题，无忧无虑地享受创作的快乐和友情。

这时候，长沙的知青开始利用各种机会返城，县里不时会有一些回长沙工作或

1974年在芷江当知青时给模特写生　　在芷江美术创作班的欢乐时光（1975年）

深造的指标。有一次，湖南师范大学到芷江县招工农兵大学生。这是一个极好的机会，而且在招生考试中，雷宜锌考得最好，但最后被推荐的却是钱德湘。

那时高考尚未恢复，上大学主要是凭领导推荐。公社书记或是生产队长在推荐年轻人去做工农兵大学生时，常常指着他们因为长期劳动，而生满硬茧的粗糙的大手说，"你看这双手，这就是上大学的资本！"当时上大学不看学识，重要的是纯正的劳动人民出身。

师范大学的招生老师之所以选中钱德湘，而不是雷宜锌，只不过因为那个本地年轻人看起来比较老实，而这个长沙来的知青一副文艺青年的打扮，吊儿郎当，实在看不顺眼。

后来当人们提起这件事，还取笑说："当时师大幸亏没招你，招了就害了你了！"因为后面还有更好的机会在等着他。

这是后话，当时的雷宜锌却感到非常灰心。渐渐地，长沙的知青十有八九都离开了芷江县，返回城里，雷宜锌却还留在那里。他那个从未见过的曾祖父，曾是国民党湖南省议长教育部顾问；还有一位叔祖在国外，这在当时是一个要命的海外关系。这双重的出身问题，使得每次招工的人看到档案就不敢要他。

有一次，湖南省一家出版社看中了雷宜锌的绘画才能，借调他到长沙的出版社工作两个月，制作年画这使他再一次接触到一种新的艺术形式，美术编辑的指导也使他受益。但是出版社没有招工指标，他的档案和工作关系仍在芷江县。在他的家乡长沙，他只是一名临时工，没有资格做真正的长沙市民。

这时又一次机会来了，地区电影公司到芷江县招美工，雷宜锌毫无疑问是最合适的人选。此时已是12月底，而招工指标年底就作废，天上居然掉下来这样一个机会，真是运气。雷宜锌为自己能回到长沙而兴奋，雀跃不已，他后来自嘲说："走路都会碰到电线杆铁丝，连鼻子都碰破了。"

但当雷宜锌从长沙出版社赶回县里时，见到两位招工人员，就感觉事情不妙。两人都少言寡笑，一问原由，原来是看过了档案。他们说，档案中没有给其祖父的平反文件，不能把招工指标给他。他们感到很抱歉，但是档案中的出身问题没有解决，谁也不敢担这个风险，把这个可疑分子招到自己单位。

又一次希望落空，雷宜锌失望至极，只好返回长沙的出版社，继续画年画。在回去的火车上，他感到前途渺茫，这辈子难道就这样了吗？永远背着这个出身可疑的沉重包袱，低人一等，眼看着一次次的机会从眼前溜走，谁也无能为力。他灰心绝望，甚至产生了轻生的念头。这段经历使得雷宜锌后来能感同身受地理解马丁·路德·金的事业，受到歧视的滋味和争取平等的艰辛。多年以后，当雷宜锌在华盛顿国家广场与马丁·路德·金纪念园的总建筑师杰克逊博士漫步交谈，提及这段经历时，杰克逊感受到了雷宜锌发自内心的对马丁·路德·金精神的理解。

"天将降大任于是人也，必先苦其心志，劳其筋骨，饿其体肤，空乏其身，行拂乱其所为，所以动心忍性，曾益其所不能。"这段话，当成功者回首前尘往事的时候，说出来自会有一番感慨和自豪；可是假如你身在其中，前路茫茫，不知道艰难困苦还有多少，不知道出路在哪里，这时候挫折总是容易使人心灰意冷，就此放弃。人性本弱，也许你会觉得很难再始终如一地坚持自己的理想和信念，而成功者往往只是比别人多坚持了一会。

虽然因出身不好屡受挫折，但雷宜锌却从未放弃在艺术之路上的追求。也许很多成功者的传记中都有这么一句话，"他从未自暴自弃"。哪一条成功之路不是充满困难挫折，历经风风雨雨？只要不自暴自弃，就没有任何一种打击可以将一个人彻底击垮。

雷宜锌在芷江县继续他的美术创作。他参加美术班，训练自己的创作能力，与志同道合的年轻人在一起，他感到非常愉快。渐渐他的作品在《湖南日报》、《湘江文艺》等报刊上发表，还获选"全省优秀作品"，送到全国参加美术比赛。虽然他的作品还未能在全国的美术比赛中获得承认，但看到自己的作品展示在那里，与那些自己崇拜的老前辈们的作品放在一起，让他心中有一种向前走的愿望。

1976年，雷宜锌22岁，下乡已经6年。这一年长沙服务公司下乡招工，雷宜锌根本没抱希望，因为有一名知青是服务公司的子弟，招工指标一定是给他了。谁知这却是命运的转折点。

位于湖南江永县的雕塑《知青岁月》让人回想岁月峥嵘

　　那名知青服务公司的子弟，在这个节骨眼上却因为行为不检，而丧失了这次招工的机会。周围的群众知道了这个情况，就向招工的同志推荐雷宜锌。他们对这个做事认真、待人诚恳的知青都很熟悉，对他的遭遇也非常同情。他们劝说那个招工同志说："你们都是长沙人，要互相帮忙嘛，何必浪费一个指标呢？小雷是好人，这个我们可以打保票，档案你就不要看了。"

　　工人出身的招工同志生性淳朴，心里一热，拍着胸脯答应了。当时正赶上征兵体检，顺便给雷宜锌也做个体检。招工同志还生怕体检通不过，嘱咐体检大夫说："别那么认真，他就是肚子烂了我都要！"知青办公室和公社都同意放人，眼看雷宜锌就要被服务公司的招工同志拉回长沙，他却又差点走不掉了。

　　这时的雷宜锌，在芷江县已经小有名气。长沙服务公司来招工的时候，他正在县文化馆绘制华国锋主席像。那时华国锋刚刚担任中央领导职务，芷江县城需要一些画像来配合宣传工作。当时美术人才缺乏，整个县城也只有这一张巨幅华国锋像。县委书记看到这张画像很吃惊，问是谁画的，这样的人才还不赶快报到县里来。接着又听说这幅画像的作者雷宜锌马上就要招工回城了，县委书记赶快和常委

1976 年在长沙照相馆工作时的留影

们开会,决定无论如何要留下这个人,马上解决工作编制,给予干部待遇,工作随便挑,还配给自行车。"请他来吃饭,看电影,不能放走他!"县委书记急得拍了桌子。

县委书记的条件不能说不优厚。这对当时一无所有的雷宜锌来说,也是一种诱惑。老天爷对人命运的安排,有时候就是这么幽默。当你望眼欲穿,等待一个机会的时候,它迟迟不来;等有了机会,却又一下来了两个,让你鱼与熊掌不能兼得,陷入两难。

从直觉上雷宜锌认为自己回到长沙,会有更多更好的机会。而父母这时也都平反,生活恢复正常,也希望他回到自己身边。他决定回长沙。

雷宜锌匆匆地去公社取了行李,公社书记还盯着说:"千万不能走啊。"他联系了在铁路局的朋友,悄悄上了火车,逃也似的回到长沙。

第九章　声名鹊起

回到长沙，服务公司的领导让雷宜锌选一门手艺。他选择了摄影，在照相馆工作，店长就是师傅，教他摄影技术和构图。有了深厚的美术基础，雷宜锌上手很快。像往常一样，他干一行爱一行，很快就掌握了照相的技术，尤其擅长拍摄结婚照。工作上的成就感让他很投入，对考大学也减少了兴趣。

1977年，国家恢复高考，恢复了尊重知识、尊重人才的局面，大批失学已久的年轻人涌向大学，如饥似渴地学习知识。

一位工会领导老大妈爱惜雷宜锌这个人才，热心地督促他准备高考，帮他报名，还准备了几本材料送到招生办公室。招生办的老师看到这些材料，对雷宜锌的美术水平感到吃惊。当时有湖南师范大学、广州美术学院等高校招收美术类学生。其中广州美院是最好的专业美术院校，但在长沙的招生名额只有二三个，而报名参加考试的却有1200人，录取率极低，竞争非常激烈。雷宜锌非常希望去湖南师范，因为广州美院要求高，恐怕考不上，他可不想失去这次深造的机会。那时他对自己的美术功底信心还不足，他并没意识到，这次考试将会使所有人惊异，包括他自己。

专业考试时，1200位考生分在40多个考场，每个教室都有模特。上午考素描，雷宜锌被指定的座位不是很理想，正好在模特的正面。考生们都知道，人像素描画3/4侧面，比较容易表现立体感，正面像则容易趋于平淡。虽然运气不好，却难不倒雷宜锌。凭着多年美术创作的深厚功底，他画得很好。休息时考生们都挤在雷宜锌的考卷前观看，直到后来连所有的监考老师都站在他身后，看他作画。

下午考色彩，雷宜锌富有经验，更加胸有成竹。他找了一个角落，准备安静地作画。可是广州美术学院的两个老师从一开始就站在旁边，看着他，让他几乎下不了手，有一种表演的感觉。

接着考创作，命题二选一。雷宜锌曾经创作过多少作品，连自己都不记得。这时的他，信心倍增，更加无往而不利。他的座位依然是大热门，监考老师仿佛不记得考场中还有其他考生，只看着他一个人画，眼光中已不是作为老师的评判，而是不加掩饰的欣赏。

这时他的朋友钱德湘已经在湖南师大任助教。考试结束后，他打听到广州美院已经看中雷宜锌，定为"一号种子"。

接着是口试。轮到雷宜锌时，总共才花了两三分钟。广州美院的老师不理解以雷宜锌的专业水平，为什么不报考广州美院，他们追问了几个个人问题，"为什么不愿离开长沙"、"将来愿不愿意当老师"等。结果他们发现，雷宜锌是因为怕自己考不上才不敢填报。最后，一位老师开玩笑地说："到了广州，就没有辣椒吃咯！"全场哄堂大笑。雷宜锌知道，广州美院已决定录取他了。

这时的雷宜锌一心想作画，从来没想过做别的。考试后的一天，广州美院雕塑系的李汉宜教授特意来看他。李教授对雷宜锌的绘画才华大为赞赏，甚至说："你的画，连我都画不出来！"但夸奖雷宜锌并不是他此行的目的，李教授向雷宜锌分析了学油画和学雕塑的不同。

学油画，雷宜锌已有了深厚的基础。这个领域人才多，选择性也多，对人才需求大。而雕塑，是美术界的"重工业"，需要体力、耐力。雷宜锌身材高大，体格好，这一点是优势。而尤其重要的是，雕塑家出作品比画家更慢，想出类拔萃更难，要能耐得住寂寞。

这些肺腑之言，一定出自李教授的亲身体验。他看重雷宜锌的才华，把这些艰辛和盘托出。如果他根本不是这块料，他会被吓跑；要么，就得让他明白，投身这一事业，首先要准备吃苦耐劳。

李教授向雷宜锌预言说，虽然现在雕塑并不热门，但中国城市雕塑的春天就快来了。那就是你大展才华的时候。他诚恳地说，"你再慎重思考一下，三天后给我答复。或许我会误了你一辈子，又或许我会成就了你一辈子。"

就这样，23岁的雷宜锌以长沙考区总分第一名的成绩，进入广州美术学院，并选择了雕塑，他一生的事业。今天的雷宜锌回首往事，李教授的预言全都一一实现。

在广州美院，雷宜锌的绘画才华很快显现出来，在工艺、油画、雕塑等方面都受到严格的专业训练，也培养了集体创作的合作精神。这在他以后创作大型雕塑时都发挥了重要作用。

从知青时代起，雷宜锌养成了抽烟的习惯。在大学里他年龄较大，经过知青岁

月的历练，为人显得老成，作品又比其他同学成熟，同学们都称呼他"老雷"，有一种长兄般的凝聚力。老师在指导同学作画的时候，也常常拿他做例子，说："你看看老雷的，就在你边上。"

1979年年初，学院举行全院举行绘画竞赛。雕塑系二年级的学生雷宜锌创作了钢笔素描《夜深人静》，画面中的小女孩，一个人孤零零地站在被抄家后的房间里，凄凉彷徨。这幅作品表达了雷宜锌自己对于"文化大革命"的亲身感受，他获得了一等奖。雕塑系的学生在油画竞赛中夺魁，这让油画系感觉非常尴尬，索性让获得第二名的油画系同学并列第一，才挽回一点面子。

深厚的素描基本功使得雷宜锌在雕塑方面大展其才。雕塑没有色彩，一切造型手段都包含在素描中。当时在广州美院执教的，有从中央美术学院学成的艺术家，他们曾经师从苏联专家，出过一本素描作品集。同学们都将那些素描作品拍照学习，雷宜锌也在其中。老师说："你不用拍这个，你画得比我们还好。"雷宜锌回答说："艺术需要吸收。"但老师从未在素描方面指教过雷宜锌，他总是习惯自己在探索中提高。周围的同学更愿意向他请教，常常以画会友，比老师所教的还要受益。大学二年级时，全国美院举行学生联展，当时的雕塑系系主任潘鹤教授在每个班挑选作品，最后选中了9幅素描，其中7幅出自雷宜锌的手笔，这在广州美院真是空前绝后。

此时是收获的季节。以前的辛勤播种和耕耘，现在看到了它们开花结果。但是花会谢，果会落，你只有不断地辛勤耕耘，才会不断地有所收获。

后来，在创作马丁·路德·金雕像时，一位密西根大学的美国艺术家问他，你有多少素描作品？雷宜锌回答说，300幅吧。美国艺术家大为惊讶和钦佩说："这是我们三辈子所画的数量！"

大学三年级时的创作大赛，雷宜锌拿出了一件雕塑作品，名为《中秋》。那是一个用汉白玉制作的、纯白颀长的东方女性的形象，双手高举，合抱成一个圆月，象征着团圆。在这件作品中，雷宜锌用中国美术传统中所擅长表现线条美的雕塑语言，又融入了西方雕塑的特色，注重"面"和"体积"，糅合了三个方面，使得观众从各个角度去观察，都能领略到线条和体态的美感，是一个可以全方位欣赏的作品。在年终学期展览中，她是摆放在进门大厅的第一件作品，吸引了所有人驻足观看，大家都被她的美感所震惊。后来这件作品被长沙市放大作为城市雕塑，中国卫星发射基地西昌市,素有"月城"的美名,也将《中秋》选为该市的城市雕塑。这件作品成为雷宜锌的代表作之一。

大学四年级,雷宜锌的雕塑风格更加多样化。去年的《中秋》充满中国传统的线条美,这时的雕塑作品《下水道工》与之相比,又是一种新的尝试,更倾向于表

《中秋》

现西方雕塑中所擅长的力度感，这件作品入选全国美术优秀作品展览。全国美展每5年一次，每届都是名家荟萃，佳作纷呈，可以说是中国美术界的"奥林匹克"大赛。尚未毕业的大学生作品入选全国美展，这本身就是一种有分量的肯定。1981年，雷宜锌从广州美院毕业，虽然学校极力挽留他留校执教，他还是选择回到家乡长沙。或许是离家太久，渴求湘楚文化的滋养，想念湖南红椒的火辣，雷宜锌归心

《下水道工》

似箭。尽管他的第一个工作并不是特别理想，是在湖南教育出版社做美术设计，主要工作是封面设计、书籍装帧等。这对于一个雕塑系高才生来说，简直可以说是大材小用。在这种情况下，一般的庸才通常所做的无非就是抱怨怀才不遇，甚至借酒浇愁，打发时间，徒然等待奇迹的出现。不过雷宜锌却没有这样做，他一直都有这样的本事，认真地做好每一件工作，将劣势转化为优势。

在出版社工作4年，他很快掌握了出版设计，成为出版社的人才，分别获得了中南五省书籍装帧一、二、三等奖。更重要的是，他由此锻炼了细节处理的能力，在

后来的城市雕塑和架上雕塑创作中，想粗就粗，想细就细，伸缩自如，游刃有余。

他最想做的当然还是雕塑。当机会来临的时候，他已经准备好了。

1986年，湖南省成立"城市雕塑创作室"，招聘了好几位雕塑家，又找到了雷宜锌。可是出版社并不愿意轻易放弃这样一个人才。雷宜锌坦承，自己真的想做雕塑，出版社的工作已经不能再吸引他的创作欲望。他采取了消极抵抗的态度，出版社领导终于发火，无奈地说："塘小鱼大，留不住人了。"雷宜锌终于回到最热爱的本行——雕塑。他如鱼得水，创作激情如泉水一般，汩汩地奔流出来。

他的第一件任务，是为湖南郴州的中国国家女子排球队集训基地做一个群雕。这是雷宜锌的第一件城市雕塑，也是第一个体育题材的大型雕塑。后来他又创作了许多城市公共雕塑，既有体育题材的，也有非体育题材的。而这第一个群雕，是他声名鹊起的里程碑。

当时，中国女排刚刚夺取"五连冠"，从1981——1986年，在排球世界杯、世界锦标赛、奥运会上，连续五次蝉联世界冠军。全中国都在为她们的胜利而欢呼，为她们的拼搏精神所振奋。在创作这个群雕的一年中，雷宜锌听取多方面的意见，渐渐明确了主题，胜负是暂时的，拼搏精神永存。他仔细研究了中国女排送来的许多训练与比赛的照片，先后画了五六十张草图，向女排教练和运动员以及美术界同仁征求意见。初稿经过修改，他又制成了铝箔金群雕样稿，拍成照片，专程到北京请教著名雕塑家潘鹤和刘开渠，征求意见。最终确定的方案，是6位运动员在进行激烈的比赛，旁边一位运动员高举奖杯，整体构图采用金字塔形。雕塑没有任何支撑，人物高低起伏、错落有致、线条粗犷、体块干脆、舍细节、求整体。排球消失了，可是却能让人感觉到球的存在。观众的眼光集中在几个女排姑娘身上，感受到她们的顽强意志。这组群雕的艺术语言大胆使用了创新的体块表现，以不锈钢和亚金铜为材质，没有以任何一个具体的女排运动员为模特，而是抽象概括了女排所代表的拼搏精神。

在这次创作中，雷宜锌第一次独立与制作雕塑的工匠打交道。工匠们后来评价他说，从没见过这么严厉的人。其他雕塑家每半个月来一次，看一看，抽两根烟就走了，雷宜锌却天天在现场盯着。当时一个助手团队与雷宜锌合作，将样稿在不锈钢定稿上放大。可是助手们在放大过程中常常走样，雷宜锌必须一件件地再次修改。有时三天做一个人像，累极了。

STONE OF HOPE
岩石上的梦想

086

雕塑家雷宜锌为马丁·路德·金塑像始末
Lei Yixin The Master Sculptor of Martin Luther King National Memorial

湖南体育新城大型群雕《奥运湘军》

1. 湖南郴州中国国家女子排球队集训基地的群雕《拼搏》
2. 湖南省体委大院的《空间旋律》
3. 全国第三届美术体育展作品《水车》，入选《世界雕塑全集·东方卷》

外行人通常以为，既然有了样稿，照着放大，照葫芦画瓢，似乎很容易，但是事实并非如此。这就好像有人善于书法，蝇头小楷写得很好，但写大字幅可能就不太擅长，一写就走样了。艺术创作在近距离进行时，也许感觉不错，可是远距离一看，效果可能完全不同。雷宜锌也说不清楚这是怎样的诀窍，他似乎有一种与生俱来的一种能力，既能创作小型架上雕塑，也能准确地把握大型公共雕塑。

后来在创作马丁·路德·金雕像时，站在反对雷宜锌阵营的美国雕塑家德怀特，就对自己掌握大型雕塑的能力缺乏信心，所以他向雷宜锌建议，自己设计样稿，而雷宜锌帮助放大。这对于雷宜锌来说，其实是一种降格，成为工匠。艺术家与工匠的不同之处在于，艺术家在作品中表现自己的思想，而工匠的任务是重复别人的思想。这也是为什么一件仿作哪怕再精美，也只是不入流的艺术品而已。

中国女排群雕《拼搏》，被著名雕塑大师刘开渠、潘鹤、叶毓山评为"一座丰碑"。这组群雕被收入《世界雕塑全集》和《中国优秀城市雕塑》中。这件作品让雷宜锌一位33岁的年轻主创，成为中

国雕塑界引人瞩目的后起之秀。

后来雷宜锌又创作了几个围绕奥运体育题材的雕塑，《水军》、《空间旋律》和《奥运湘军》。他对运动题材中动感瞬间以及运动线条的把握，形成了自己的风格，挥洒自如。

而为雷宜锌带来中国国家美术界声誉的，是1994年创作的架上雕塑《英雄泪——叶乔波壮别冰坛》，这件作品获得第八届全国美展优秀作品奖。

叶乔波是女子速滑运动员，著名的冰坛尖兵。在1990年第16届冬季奥运会上，她夺得500米、1000米速滑银牌各一枚，为中国在冬奥会史上实现了奖牌零的突破。从1992年11月——1993年3月，她先后参加世界杯系列赛、世界女子速滑锦标赛和世界短距离速滑锦标赛，夺得女子500米项目的全部冠军、女子短距离全能冠军和世界杯总决赛女子500米冠军，共获金牌14枚。成为中国和亚洲第一个短距离速滑世界冠军。在1994年第十七届冬季奥运会女子1000米速滑比赛中，她忍受严重伤痛，坚持参加比赛，夺取铜牌。冬奥会后因伤退役。

1994年，距离全国美展的截止日期已经相当近了，很多人以5年功力准备一件作品参展，题材与表现形式都精心挑选。这时雷宜锌却还没有确定创作主题。有一天看电视，正是在北京工人体育馆为叶乔波举行告别冰坛的晚会。那时，由于在比赛中受重伤，她的膝盖髌骨严重变形脱位，8块游离碎骨刚刚从膝盖中取出。昔日在冰面上风驰电掣的她，已不能行走。这是一位令人钦佩、令人心痛的女性。当时叶乔波坐着轮椅被推进体育馆，全场欢声雷动，她怀抱鲜花，泪流满面，用右手轻轻拭去泪痕。看到这个场面，雷宜锌心潮澎湃，灵感闪现，当即决定用这一刻来作为主题：表现叶乔波作为一名运动员的顽强意志，她所付出的代价，为祖国争得的荣誉和她所获得的光荣，全都在这拭泪的一瞬间淋漓尽致地体现了。

在雷宜锌的架上雕塑《英雄泪》中，身着戎装的军人运动员叶乔波，坐在轮椅上，左手抱着鲜花，右手轻轻拭去热泪，印有"中国"二字运动服在她伤残的腿上盖着。这件雕塑采用玻璃钢仿铁效果，强调刚与柔的对比；艺术手法上又采用了减法，不重要的细节被简约，轮椅只用了两个简单的环来代表，观众的注意力被叶乔波的面容吸引，被她年轻的生命之歌而深深感动。

虽然同样是表现运动精神的作品，《拼搏》充满动感，《英雄泪》则是静态。而且架上雕塑与城市雕塑的不同在于必须经得起近距离欣赏的考验。那是雷宜锌的

作品第一次在全国获奖,他在家中接到电话,得知获奖的消息,兴奋得一跃而起。这件作品后来被中国最高艺术殿堂——国家美术馆收藏。

雷宜锌说:"我要为创造历史的人们树碑立传。"的确如此,他创作了很多名人雕像,杜甫、谭嗣同、毛泽东、雷锋、胡耀邦、中国女排、叶乔波……当然还有后来的马丁·路德·金、陈纳德和他的飞虎队,甚至奥巴马总统。

但是他所说的"创造历史的人们"并不仅仅限于名人。1999年的全国美展,雷宜锌送展的作品是《出境》。这件作品是一组群雕,场景在中国海关。一位海关人员注视着一列排队出关的人们:一位老年人拖着旅行箱,身着西服,领口却露出里面的对襟扣,口袋里鼓鼓囊囊的,装的似乎是一瓶矿泉水,脸上遍布皱纹,微微佝偻着,让人一望而知这是一位饱经风霜的农民;一位壮健矮胖的中年妇女,拎着一只大旅行包,满足地微笑着,从服饰上看,也具有典型的乡镇特色;一位青年带着一只鼓鼓的腰包,一副乡镇青年企业家的打扮,神情中带着一丝期待。这三个来自农村和乡镇的人,生活富足,怀着兴奋和好奇的心情,即将通过海关,走出国门看世界。他们的眼神和姿态都刻画得惟妙惟肖,充满浓郁的生活气息,表达了一个时

第九届全国美展铜奖作品《出境》

代的缩影。这件作品彻底全面地展现了雷宜锌表现人物性格特征的高超能力和对时代精神的把握，获得那一届全国美展铜奖。这件作品也被中国国家美术馆收藏。

连续两届在全国美展中获奖，使得雷宜锌在朋友中得到"获奖专业户"的称号。时至今日，他历年作品获奖无数，重要奖项包括：

1984年，仿石版画《盗火者之歌》获第六届全国美术优秀作品展览优秀作品奖，被国家美术馆收藏。

1984年，《谭嗣同》雕塑在全国首届城雕设计方案展览获铜质纪念奖。

1994年，雕塑《英雄泪》获第八届全国美展优秀作品奖，被国家美术馆收藏。

1997年，《文诗溢延河》雕塑在建军70周年全国美术作品展览获奖。

1999年，雕塑《出境》获第九届全国美展铜奖，被国家美术馆收藏。

2004年，《百年长沙》系列雕塑获"第三届全国城市雕塑建设成就展览"特别奖。

现在的雷宜锌，成为享受国务院特殊津贴的专家，中国美术家协会会员，国家"城市雕塑设计资格证书"持有者，国家一级美术师，湖南省雕塑艺术委员会主任，湖南书画研究院副院长，湖南省雕塑院院长。

在朋友们的眼中，他是一个名副其实的艺术家。一撇胡子，一副大眼镜，留着长及肩膀的头发，不修边幅，常常穿着泥迹斑斑的工作服就出门了。有一次他参加一个社会活动，雷宜锌进了大门，后面的另一位来宾却被拦住。工作人员说：

"你没穿西服打领带，着装不整，不能进！"

"那他怎么进去了？"来宾指着雷宜锌的背影。

"他是艺术家！"

在艺术界，雷宜锌是一位立足于传统、又锐意创新的艺术家。他说："我是一个中庸者。我崇拜菲狄亚斯和米开朗基罗，也敬仰培布斯奈和杜桑。"他注重写实和具象，但不轻视变形和抽象；讲究形神兼备、惟妙惟肖地刻画人物性格特征，又以适当的变形和夸张的手法，表现作品对象的思想文化内涵。在当代雕塑的探索道路上，传统原则被纷纷打破；雷宜锌的态度则是基于传统，又超越传统。他说："我喜欢传统，但又不拒绝现代，在创作中我总是交替地体验着两者的滋味。"

而更加为普通人所熟知的雕塑，是雷宜锌为湖南省各城市所创作的城市雕塑。《百年长沙》是一组街头雕塑，在长沙的步行街上，以众多栩栩如生的长沙市民形象，与摩肩接踵的人们不分彼此；《沙水汩汩》和《浏阳河》，是两座富有中国传

《盗火者之歌》仿石版画四幅 1984 第六届全国美展获优秀作品奖（中国美术馆藏）

统风格的少女形象，流畅的线条，柔美的魅力，洋溢着对幸福和生活之美的向往；《马王堆图腾柱》展现了古老神秘的湘楚文化；《空间旋律》和《奥运湘军》群雕则是对奥运体育精神的又一曲赞歌……

从1986年雷宜锌主持湖南省城市雕塑委员会以来，至今已有超过150个城市公共雕塑作品，平均每年6件作品，这真是一个令人敬佩的数字！

当雷宜锌从美院毕业时，全中国大约只有100名专业雕塑工作者，最近几年这个数字已经增长到26万。上海、伦敦、纽约的艺术画廊都有众多现代中国艺术家的作品拍卖。在当今中国经济腾飞的时期，全国各地的市政建设如火如荼。不光大城市，就连小城镇也纷纷邀请艺术家前去，为纪念和宣传本地的历史事迹和杰出人物建造雕塑和公园。中国雕塑家有数不胜数的机会。恐怕就连当年的李汉宜教授也没有想到，中国城市雕塑的春天竟会是如此欣欣向荣。

《天上人间地下马王堆图腾柱》位于湖南长沙湘江风光带

后来，当马丁·路德·金纪念园基金会回应美国媒体的质疑时，解释说雷宜锌有创作大型公共雕塑的丰富经验。实际上，这种丰富的经验来源于现阶段中国城市建设的高速发展，并由此引发了建筑高潮。建造纪念碑、纪念馆或者纪念园，一位美国艺术家可能要等上半辈子，才能得到一次机会。而像雷宜锌这样的中国艺术家却是一个接一个的项目，苦于忙不过来。如果不是访问过中国，亲眼所见，现在的美国艺术家们也许始终无法完全理解这一点，他们只能叹惜生不逢时，没有经历当年美国城市高速发展的时期。而在今日的中国，雷宜锌和他的中国同行们却有一个充分发挥才华的舞台。

《蔡和森和他的一家》位于湖南双峰蔡和森的故乡

《百年长沙系列》

《老长沙》系列铜雕 第三届全国城雕评比特别奖

STONE OF HOPE
岩石上的梦想

096

雕塑家雷宜锌为马丁·路德·金塑像始末
Lei Yixin The Master Sculptor of Martine Luther King National Memorial

| 1 | 3 |
| 2 | 4 |

1.《沙水汩汩》将流水、井形、女神、仙鹤四个元素与长沙白沙古井的传说融为一体
2. 位于湖南长沙芙蓉广场的 15 米高的铜铸雕塑《浏阳河》
3. 位于湖南长沙湘江风光带的钢板镂雕《怪神射箭》
4. 位于湖南长沙湘江风光带的钢板镂雕《怪神骑兽》

雷宜锌创作的群雕
1. 位于贵州省瓮安的《瓮安会议》群雕　　2.《瓮安游击队》群雕
3. 陈列于湖南省毛泽东文学院的《文诗溢延河》获建军70周年全国美术作品展览优秀奖
4. 位于雷锋故乡湖南望城县的《雷锋和我们在一起》
5. 纪念四川汶川地震的《生死时刻》

STONE OF HOPE
岩石上的梦想

098

雕塑家雷宜锌为马丁·路德·金塑像始末
Lei Yixin The Master Sculptor of Martine Luther King National Memorial

雷宜锌创作的人物

1.《美国奥巴马总统》　2.《莫应丰》　3.《王首道》　4.《出境》人物之一
5.《出境》人物之二　6.《陈白一》　7.《辜振甫》　8.《杜甫》
9.《谭嗣同》　10.《胡耀邦》

雷宜锌的城雕设计

1.《五彩梦》　　2.《猎豹风》　　3.《大源渡标志》
4.《裂变》　　5.《古钟新叶》　　6.《云天聚绿》　　7.《冷水滩崛起》

第十章 雕像的完成

从架上雕塑到大型公共雕塑，雷宜锌以前创作过无数作品，也获得多项荣誉。但他深知，马丁·路德·金的雕像可能将是自己一生中最重要的作品。这不仅关系到他本人的艺术声誉，同时也关系到中国艺术家在世界大舞台上被理解和尊重。

通常他创作一件雕塑需要几个月的时间，创作马丁·路德·金像，从创作初稿头像，做泥塑，翻为玻璃钢模，再到雕成石像，整个过程花了18个月。

2007年下半年，雷宜锌所创作的马丁·路德·金模型初稿已经基本上得到基金会的认可。他开始根据定稿按比例进行泥塑放大。

泥塑放大是一种再创作，艺术难度和技术难度都很高，泥塑的内部先得用钢材和木材构成一个骨架，用来支撑未来的泥稿，给泥稿留出10—15厘米的厚度。骨架搭好后就开始堆大泥。这个阶段由工人团队参与完成，总共用掉10车陶泥。当所有的大泥堆好后，雷宜锌和他的艺术家团队就进行塑造。这是最关键的一个环节，也是一个漫长的过程，需要反复地推敲，不断地修改，最终达到自己满意的程度，雷

雕塑家雷宜锌为马丁·路德·金塑像始末
Lei Yixin The Master Sculptor of Martine Luther King National Memorial

宜锌和他的团队工作了6个月，《希望之石》和《绝望之山》的塑造基本上已接近尾声，那时正是2008年1月。

自2008年1月10日起，由于受拉尼娜现象影响，大气环流出现异常，在中国发生大范围低温、雨雪、冰冻等自然灾害，20个省（区、市）均不同程度受到灾害影响。暴风雪造成多处交通中断。融雪流入海中，对海洋生态也造成浩劫。由于正值春运期间，大量旅客滞留车站机场。不少地区用电中断，电信、通信、供水、取暖均受到不同程度影响。湖南是受灾最严重的省份之一。

在长沙的工地上，马丁·路德·金的泥塑矗立在一片冰天雪地中。春节前，工程队将它严严地封裹在防护层中。春节过后，当大家回到工地，揭开覆盖泥塑的防护层，雷宜锌的心情瞬间坠落到谷底，他跌坐在椅子上，半天动弹不得。

STONE OF HOPE
岩石上的梦想

102

雕塑家雷宜锌为马丁·路德·金塑像始末
Lei Yixin The Master Sculptor of Martine Luther King National Memorial

在雪灾中，泥塑也遭到意想不到的、毁灭性的损坏。在泥塑放大工地上，临时工棚的棚顶被积雪压塌，《希望之石》和《绝望之山》被局部破坏。持续的冰冻使雕像上的泥土被冻坏，先是出现一些裂纹，后来不断扩大，导致大面积垮塌。雷宜锌和他的团队花了大半年的精力所塑造的雕塑，已经被毁得惨不忍睹，连工作室也垮掉了。

按照计划，基金会很快就要来现场确认泥塑的艺术效果，得到肯定答复后，才能进行下一步的工作。现在泥塑的意外被毁，完全打乱了工作进度，根本无法在基金会到来之前完成泥塑。

就在一年前，雷宜锌的设计样稿在苛刻的评审下，幸运地获得了美国评审委员会的全票通过。刚刚感到如释重负，却又引起美国社会的舆论大战，一些人反对中国艺术家来染指马丁·路德·金纪念园雕像。由于这些舆论压力，在雷宜锌的初稿模型受到评审委员会的一致通过以后，他迟迟没有得到基金会的确认，以便开始制作1:1的泥塑。美国媒体中不乏要求替换中国艺术家的呼声。雷宜锌还没来得及品味初稿通过的欣喜，又立即陷入遭到替换的担忧。

在基金会方面，他们的处境更是两难。毕竟已经经历了那么多艰辛，终于找到一位可以胜任的艺术家，而且初稿一次就获得通过。但是反对的声音也有相当大的影响力，比如说著名黑人艺术家吉尔伯特·杨，知名CNN主持人鲁道柏（Lou Dobbs）。他们尽力应对来自各方面的质疑，尤其是总建筑师杰克逊的坚持。他深知，反对的声音虽然要求替换雷宜锌，但他们也找不到一位可以胜任的艺术家。工程的成败，将来要由基金会负责，而不是吉尔伯特·杨或者鲁道柏。几个月以后，雷宜锌才终于得到基金会的确认，正式开始制作泥塑。

经历过这些事件，雷宜锌深知这个雕塑在美国社会被关注的程度和敏感性。基金会在这个项目上也是小心运作，如履薄冰。

现在发生了这样的意外，即将完工的泥塑毁于一旦。感到如此沉重的压力几乎让他透不过气来。他反复思量，一面与基金会联络，解释发生的意外，一面奋力和团队日以继夜地修复泥塑。他们承受了极大的压力，一边尽力回忆，一边修复，有的地方则需要重新塑造。

这时，泥塑的头部已经翻成模子，可是手和上身都损坏了。看到自己精心塑造的作品毁于一旦，这让雷宜锌极为痛心，尤其是手部的被损，更使他沮丧。他始终认为手是人的第二面目，看雕塑首先就是看手。一般来说，人们总认为人的面部表情很丰富。其实对于雕塑来说，面部表情很有限，而手的形象却是变化多端，可以繁衍成数不胜数的姿态。所以在一件雕塑作品中最能反映艺术家的功底，在内行眼里最反映人物个性的地方，反而是手，而不是脸。

在最初的泥塑中，雷宜锌对于手部的塑造相当满意，感觉很好。泥塑被毁之后，别处的修复都顺利完成，可是手部的塑造却无法回到当初的满意状态，怎么也找不回那时的感觉。泥塑虽然完工，而旁人也丝毫看不出这与之前的作品有什么区别，但对于追求完美的艺术家来说，却被这种"本来可以做得更好"的感觉所折磨。对雷宜锌来说，未能保留手部的原始塑造始终是极大的遗憾，以至于在泥塑翻成玻璃钢模具之后，雷宜锌仍孜孜不倦地用机械工具不断进行创作和完善。

所有这些因素使得修复被损毁的泥塑成为这次的创作过程中，最难忘的痛苦的经历。大约又用了三个多月的时间，泥塑才终于完工了。

在制作泥塑过程中，雷宜锌定期地给基金会发送照片，将泥塑的进展情况通知他们。美国的媒体和公众看到了基金会所公布的放大的泥塑照片。他们哪里知道创作这件作品的万般艰辛，又开始了新一轮毫不留情的争议。对于马丁·路德·金的雕像应当怎样塑造，指指点点，众说纷纭。甚至连曾经认可初稿的国家艺术委员会也认为，放大后的泥塑模型太具有对抗性。他们致函基金会说，委员会强烈建议雕塑应当返工重做，雕像应当更有亲和力，尤其在上半部分多一些细节表现。

此时雷宜锌的心情真是难以形容。一个艺术家可以理解对自己身份的质疑，也可以忍受对自己作品的指指点点，但来自评审委员会的全盘否定，简直是将他所付出的努力一笔勾销。

经过一番争论、沟通和协商，雷宜锌又对泥塑作出少许修改。2008年下半年，

美国马丁·路德·金纪念园基金会在湖南长沙审查泥塑稿

翻制石膏外模和
玻璃钢内模像

基金会的设计组依原计划再次来到长沙，亲临现场，认可了泥塑模型。

2008年9月18日，国家艺术委员会终于批准了纪念园的全部设计。2009年1月，贝拉克.奥巴马宣誓就职为第44届美国总统，也是第一位来自有色族群的美国总统。

人生往往如此，越是通往荣名之路，越是充满艰辛。在每一个拐弯处，都会有一个困难，犹如神话中守护珍宝的妖魔，跳出来要把你打翻在地。难以预料的挑战源源不断地向雷宜锌袭来。

泥塑完成之后，接下来是由泥塑翻制玻璃钢模。翻制成的玻璃钢模已经是半成品了。按照玻璃钢模，就可以1:1进行花岗石雕刻。所以玻璃钢模十分重要，它是雷宜锌所有的心血结晶，也是最终石雕成品的模板。也就是说，任何人拿到这套模板，都可以复制出一个石雕成品。这一点，雷宜锌和基金会以及承接花岗石制作的雕刻厂都十分明白。

与以往任何雕塑不同的是，基金会要求完成后的作品看上去像一块整石，石块之间看不出明显的接缝，也就是无缝衔接，这样雕像就会更美观。这是一个十分严苛的要求。国家广场上只有林肯总统的雕像是无缝衔接，那座石雕是质地较软的大理石，而且高度只有19英尺（约5.8米），做花岗岩石雕的无缝衔接还是第一次。当总建筑师杰克逊提出这个要求时，雷宜锌说："OK，OK，OK！"

杰克逊同雷宜锌交流甚多，已经熟悉他的作风，说话不太多，回答总是很干脆。雷宜锌毫不犹豫地答应这个要求，使得杰克逊十分欣慰。他毫不怀疑雷宜锌能做到这一点。只是当时他并不知道，这对雷宜锌来说也是极具挑战性的一项工艺要求。但是雷宜锌愿意去创新，去完成这个挑战，做前人没做过的事。没有老师可以请教，没有先例可以借鉴，一切都需要自己在黑暗中摸索，这对于他来说也不是第一次了，他的艺术生涯一直都在体会这个过程。

与雷宜锌的作风类似，杰克逊在工作中也是一个不惜代价，追求完美的人。在好几个场合，杰克逊都说过："我没有什么可以妥协的，追求的就是无缝衔接的效果。"4年后，雷宜锌站在国家广场的雕塑前，回想起这个历程，也不禁发出了类似于局外人的感叹，"这么难的事也做成了，真像是梦想成真！"杰克逊也倍感欣慰，他说："我就是找对了一个人，又排除了很多的干扰。"

为了达到无缝衔接的目的，减少石块间的缝隙，必须每一块拼装的石头都要尽可能大。根据这个要求，经过精心设计安排，雷宜锌在玻璃钢模上划线分块，《希

荒料加工（上），《绝望之山》石雕的制作（下）

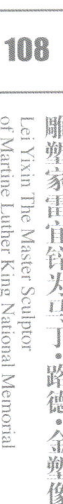

STONE OF HOPE
岩石上的梦想

108

雕塑家雷宜锌为马丁·路德·金塑像始末
Lei Yixin The Master Sculptor of Martine Luther King National Memorial

《希望之石》石雕与玻璃钢模并肩而立（上），雷宜锌对《希望之石》石雕的精雕细刻（下）

望之石》和《绝望之山》被分成159块。每一块都标注尺寸，再将这个尺寸提供给采石场，采石场依据这些数据开采荒料。

为了保证质量，基金会的第二个要求是石料的厚度要达到80—100厘米，这是通常石雕所用坯料厚度的2—3倍，最终成型石块的最薄处，比如说山体的尖端部分，也必须达到40厘米厚。这一要求立刻带来了麻烦。

虽然外界所知不多，但只要有机会接触这个项目，大多数人都觉得有利可图。借着这个工程的声势，任何一个参与者都可或多或少谋取名利。此刻的雷宜锌就像西天路上的唐僧，各路妖怪都想跳出来咬上一口，分一杯肉羹。承接制作石雕的福建惠安某雕刻厂显得最为急切，而且胃口很大。

雕像的石料，采用的是福建泉州的"瑕红"花岗岩。根据基金会提出的规格，雷宜锌要求荒料的厚度是100厘米。这在合同中都是白纸黑字写得清清楚楚。雕刻厂在看过模型图纸之后，发现自己的聪明才智大有用武之地。在石雕的侧立面，石块不需太多加工，也就是说，如果荒料是40厘米厚，雕刻完成之后，还是40厘米厚，难道不是达到最低标准了吗？省一点是一点。于是他们就没有按照合同中所提供的数据规格，自作主张将石雕侧立面荒料的厚度开成40厘米。

雷宜锌发现这个问题以后，特意与基金会联络，再次确定石料规格。杰克逊以公函形式回复道，因为雕像必须经受各种恶劣天气，以及自然灾害的影响，比如飓风、地震等，石料的厚度必须达到基金会所要求的规格100厘米。

这样一来，那些刚开采的荒料都成了废料。雷宜锌要求雕刻厂按照数据，重新开采荒料，再次切割。但是他却遭到拒绝，除非再次付款。这让雷宜锌有些吃惊，就在与雕刻厂签订合同之前，他们为了得到这份合同，曾经诚恳地对雷宜锌说，只要能够有幸做这个项目，钱不成问题。现在项目刚刚开始，钱就成了大问题。荒料无法到位，工程如何进行下去？

处理这个纠纷的经过，像通常的经济赔偿案例一样，让人看到失信、贪婪、狡诈、凶蛮等人性中卑鄙肮脏的部分，而最终的结果也令人失望。世界往往如此，贪婪的人总能得逞，得到他们想得到的东西。因为总有些看轻金钱的人，宁愿损失自己的利益，也不愿降低自己的人格和尊严与他们头破血流地争抢。相比于此次工程的重要性，雷宜锌只能选择对金钱让步，他多方努力无效，只得再次付款。

开采荒料的纠纷终于解决，后来这些废弃的荒料中的一部分也运到了华盛顿，毫无用处地堆在工地上。仿佛老天爷特意要亲自检验雕像的坚固程度，罕见的地震与飓风在纪念园开放的第一周里就全部经历了。如果当时杰克逊和雷宜锌没有坚持荒料的厚度，雕像在来自世界各地的公众面前出现质量问题，后果真是不堪设想。

然而对于雷宜锌，这次来自石雕厂的非难，仅仅只是个开头。

荒料开采完毕，石块体积惊人，尤其是雕像身体上的几块石头，最大的一块毛料达40多吨。雕刻厂先是用圆盘锯把荒料切割成规矩的正料，这就可以正式雕刻石头了。

在雕刻石料的前期，雕刻厂的石匠会按玻璃钢的模型1:1的雕刻石头，雷宜锌和他的几位雕塑助手只需指导他们，待雕刻进度达到90%时，则需要雕塑家们亲自动手，完成最后关键的细节。

有一次，基金会一行来到雕刻厂，与雷宜锌以及雕刻厂代表开会察看工程进度，商讨有关事宜。雕刻厂代表大胆地向基金会直接发问："我们雕刻厂在这个工程中，是什么性质的角色和合作关系？当我们的工程队前往华盛顿安装雕像时，又是什么性质的角色和合作关系？"

这几个问题使得基金会总建筑师杰克逊博士十分惊讶和纳闷。雕刻厂作为雷宜锌的分包商，跟基金会并无直接合作关系，他们也从未想过由雕刻厂的工程队前去华盛顿安装雕像。他直截了当地回答："这些问题，都应该由雷先生来回答。"

雕刻厂代表毫无愧意，并抛出了杀手锏，提议说，他们不同意模型的艺术表现，雕像的衣服应当与脸部有所区分，雕成较粗的颗粒状。他们雕刻厂可以比雷宜锌做得更好。

此话真是语惊四座。也许雕刻厂从未关心过此项工程的来龙去脉，他们只知道，这是一个耗资巨大、备受关注的项目，自己参与得越多，名气也越大。由此为跳板，生意甚至可以做到大洋彼岸的美国首都。对于雷宜锌怎样成为这项工程的主创艺术家，对于这件作品在美国社会受到怎样的关注和争议，经受多少挑剔目光的考验，对于美国公众对于这项工程的期待和要求，他们可能一无所知。而且厂方代表有限的艺术修养也让他无法领略雷宜锌的创作真谛。他们因无知而无畏，显得十分可笑。

出于礼貌，杰克逊没有显露出内心的惊诧，只是再一次稳重简单地回答："有关雕像的创作，一切由雷先生定夺。"

整个雕塑拆装成159块构件将被运输到美国华盛顿进行整体安装

雕刻厂碰了个灰头土脸。但自此以后，与雕刻厂的合作就成为雷宜锌的精神折磨。既然无法放长线钓大鱼，这次就必须多刮一笔。雕刻厂一次又一次地寻找荒诞的借口敲诈勒索。他们甚至振振有词地说："你不是雷宜锌吗？你的名气就值这个价！"他们还不如直接上书国家税务局，提出合理化建议：举凡名人者，购物皆须缴纳"名气税"。

在榨取金钱的同时，雕刻厂又暗布机关，在雕像背后的石头上，刻下自己的厂名、地址、联系电话等，仿佛贴在街头电线杆子上的小广告。这些痕迹后来在华盛顿最后安装时，才被雷宜锌的工程队抹去。全世界都知道，这个雕像是中国人做的，如果让美国公众看到这个小广告，丢脸的不是雷宜锌，也不是某雕刻厂，美国人会说："中国人做事真滑稽。"这个雕像工程关系到全体中国人的荣誉，雕刻厂难道不能理解吗？

在运送石雕散件到厦门码头的过程中，雕刻厂又出奇招：他们拒绝运送石块。这并不是因为雕刻厂的货车突然间全部爆胎，需要修理，而是厂方通知雷宜锌，货已经完成了，但如果你不额外再支付一笔运费，那些宝贝破石头永远也无法到达港口。这时候，双方共同签订的合同对于雕刻厂来说，早已象一张过期的报纸一样作废了。

吊车费用，卡车运输费用，全部要重新另算。不知道雕刻厂是怎样向雷宜锌提出这个要求的，以什么理由呢？很可能他们说："此山是我开，此树是我栽，要打此路过，留下买路财！"

这样讲比较简单明了，稍有绿林背景知识的人都能理解这种突如其来的山大王作风，否则真是荒谬绝伦。

虽然留下了买路财，石块也运至厦门港，但石雕的各个散件仍被雕刻厂做了手脚。石雕散件都按照要求严密包装，以避免运输过程中的损坏。每块散件都有一个编码，将来安装时，可以看包装上的编码，按顺序安装。雕刻厂的编码故意全部标错，他们声称，没有我们的工程队，你们就是拿到这些石块，也无法将它们安装！

真是令人叹为观止，石块的编码居然被加密。难道他们以为自己是大内密探007吗？正在传递绝密文件？

雕刻厂甚至把一份己方安装工程队的名单，直接交给代表基金会前来验收的杰克逊，仿佛雷宜锌及他的团队完全透明不存在。为了息事宁人，杰克逊不置可否地接受了。他和他的助手觉得很好笑，雕刻厂以为基金会是傻瓜吗？既然他们现在对雷宜锌如此不尊重，对基金会的尊重又如何保证呢？难道基金会愿意和这样的人合作吗？

解密工作由雷宜锌的两名助手在厦门港仓库完成。雕像在他们手里揉捏了两年，从泥塑稿到玻璃钢稿，再到石雕，哪一处不是烂熟于心？即便如此，他们需要仔细比较每一件石块的尺寸、形状、曲线，以免错失。他们花费了两个星期的时间，终于将石块重新标注完毕。这才保证了后面在华盛顿的安装能顺利进行。

这个项目从头到尾，让雷宜锌心力交瘁。一方面要应对美国方面挑剔的要求，舆论毫不留情的评头论足，另一方面要处理国内分包商对自己持续不断的敲诈。从外人看来，承接这个名利双收的项目多么风光，只有雷宜锌知道，自己付出了多少代价。

雕塑石块终于处理完毕，全部摆放在厦门码头，计划于2010年4月从厦门运出，抵达美国巴尔的摩港。它们将被存放在临时货仓中，然后运至华盛顿的工地进行安装。基金会计划在5月1日之前完成运输环节。此时雕塑已经完工超过80%，雷宜锌将在9月去美国进行安装和最后的完善修饰。

虽然从厦门到预定的目的港口巴尔的摩相距几乎2万公里，运输也似乎不成问题。

早在纪念园筹备期间，社会各界都关注这个重大事件。当希腊政府听说雕像需要从中国不远万里运到美国时，为了表达对马丁·路德·金这位民权偶像的敬意，就提出免费安排船只，将雕塑从中国运送到美国。《绝望之山》和《希望之石》的全部雕塑散件共159块，重达1700多吨。按照美国巴尔的摩鲍威尔（C.H.Powell）国际航运公司估算，每吨的运费会在60—150美元之间，行程的总花销将在10万—24万美元之间。即使对于航运发达的希腊，这也将是一个十分慷慨的赞助。

然而现在我们的地球是一个多么小的世界，万里之遥的爱琴海发生了风暴，却立刻波及到中国的东海。

2009年底开始，希腊新政权发现被严重隐蔽的财政赤字。各大国际信用评定公司纷纷调低希腊的信用评级，导致希腊国债大幅暴落，股价遭受影响，欧元也连带贬值。希腊政府面临无法偿还巨额外债的厄运，徘徊在破产的边缘。为了走出经济困境，政府宣布严格财政紧缩政策。为获得欧元区国家和国际货币基金组织提供的贷款援助，陷入债务危机的希腊政府不得不采取增加消费税、削减开支、降低公务员薪水和养老金等措施。由于这些措施直接伤及民众，希腊工会指责政府让民众为政客的管理失误埋单。于是在希腊全国范围内爆发了罢工，波及交通、教育、医疗、邮政、媒体等部门，就连公务员也加入了罢工行列。这使得希腊几乎陷入瘫痪，甚至发生了流血冲突。

2010年4月，希腊方面通知马丁·路德·金纪念园基金会，他们表示非常抱歉，现在的希腊身陷水深火热之中，已无法兑现当初的承诺，运送石雕。经济危机伤及各行各业，他们根本找不到愿意承接这一任务的希腊航运公司。

基金会总建筑师杰克逊表示非常同情希腊的现状，预算虽然已重新安排好，但找到新的航运公司尽快安排航程却没那么容易。起运日期一拖再拖。从4月一直拖到7月，石雕才终于离开厦门，前往巴尔的摩港。经过30天的航行，货船于2010年9月运抵美国巴尔的摩，已比预期延迟了4个月。

石雕完成以后，除了将雕像的头部和手部保留存档之外，雷宜锌将玻璃钢模的其余部分毁掉了。以前曾经发生过艺术品出现协议之外的复制品的情况。虽然基金会没有向雷宜锌提出要求，毁掉玻璃钢模，他却认为这是理所应当的，艺术家应当保护赞助人的权益。后来杰克逊说，我一直都知道，雷是一位极有诚信的人。

第十一章 每个人的《遐想》

自从雷宜锌开始为马丁·路德·金创作雕像以来，不断地遇到一生中从未经历过的稀奇古怪的事情，事态发展到后来，连美国国务院都卷入事端。这一次却是美国联邦调查局（FBI）的登场。

2008年7月，正当雷宜锌心无旁骛，全力以赴创作马丁·路德·金雕塑的时候，一桩意料不到的犯罪行为，毁坏了他的另一件作品《遐想》，也就是2006年雷宜锌在明尼苏达州圣保罗市的国际石雕研讨会上创作的那座东方女性的雕像。

石雕研讨会之后，依照传统，所有艺术家的作品都会留在圣保罗市区的城市公园或明尼苏达的州立公园。当雷宜锌沿着菲蓝公园湖畔小径漫步时，在一处水湾的垂柳旁，他选定了《遐想》的安放处。

菲蓝公园位于圣保罗市中心不远的东北区，风景宜人，清澈狭长的湖面是双子城每年一度的龙舟比赛的所在，垂柳点缀的两岸是跑步骑车、环湖漫步、聚会野餐及观看比赛的好场所。2007年7月的龙舟节期间，《遐想》落户菲蓝公园。

龙舟节，即中国的端午节。远在海外的华人，不管来自中国大陆、香港、台湾，还是东南亚，都乐意通过一些民间自发的活动和庆典来重温祖辈的传统，把中

雷宜锌与圣保罗公共艺术协会主席克里斯汀访问菲蓝公园《遐想》雕塑

华的文化传承给下一代。随着鼓声划龙舟，也成为很多西方人了解东方团队精神的一种方式。《遐想》在那里与东方的文化氛围浑然一体，受到圣保罗市民的喜爱。

第2008年7月，菲蓝公园照例举行龙舟赛，来自当地的各大知名企业和社区的26支龙舟队伍开始在预赛中角逐。夏天的湖畔公园，阳光灿烂，芳草青青，一片片野花铺满草地。湖上一支支龙舟追波逐浪，岸上锣鼓喧天，呐喊助威声不绝于耳。《遐想》雕塑就在离终点不远的水湾边，不时有人和她合影。我也参加了公司组织的一支龙舟队，在参加预赛的间隙，向队友们介绍《遐想》的来龙去脉。

第二天决赛开始时，我却意外地发现，《遐想》被蓝色的塑料布重重包裹，密不透风。没想到《遐想》竟被污损，遭到破坏了。当日凌晨时，公园管理人员发现《遐想》这座雕塑被喷涂了蓝色油漆，画满了纳粹标志和三K党*符号。不仅是《遐想》，周边几英里的范围内，公园的步行道、草地、树木、建筑物的外墙和龙舟赛组委会的临时帐篷都遭受类似的喷漆，写有污辱性的语言。很明显，这是有组织的行动，属于种族仇恨团体所为，是针对亚洲少数族裔的种族歧视和仇恨行为。以仇恨符号和种族歧视性语言破坏公共设施和艺术，是一种联邦犯罪。圣保罗警方和美国联邦调查局马上立案，介入调查。

为了保留证据，更是为了不激化和扩大矛盾，使得龙舟节仍然能顺利进行，警方将《遐想》暂时密封起来。对于知情者而言，这一年的龙舟节是最沉重的一次。

菲蓝公园所在的圣保罗东北区，是这个城市少数民族聚居区，居民大多是来自亚洲的移民。选择在亚洲移民的节日、龙舟节期间，进行这种类似示威的破坏活动，犯罪的组织者想传递的信息很明显，"你们低人一等，我们不欢迎你们。"

当人们说到美国，总是把它当做一个崇尚自由、平等、民主的国家。可是一旦看到在这个国家，也有不公，也有不义，也有歧视，可能就会跳到另一个极端，认为这个国家所谓的"自由、平等、博爱"如此虚伪，全是骗人的假面具。

虽然美国这个的国家在自由、平等、博爱的理念下产生，美国人同样也有人性的弱点。对于一个热爱自由的人，可以为获得自由抛弃一切；当看到同胞受到不公

---

*注释：三K党，Ku Klux Klan，缩写为KKK，是一个奉行白人至上主义的民间组织，也是美国种族主义的代表性组织。

平的待遇，会义愤填膺，赴汤蹈火。但这个热爱自由的人，不一定热爱所有的人。他不一定承认，其他与自己相异的民族，也有享有自由的权利。换句话说，他可能是一个种族主义者，这并不矛盾。他可能有着崇高的理想，要建立一个人人幸福的国家。哦，对了，是自己与自己的同胞人人幸福，其他种族，其他民族，对不起，你们不是同胞，你们没有份儿。

在美国建国之后的很长一段时间，情况大概就是如此。来自欧洲的白人移民们为自己从欧洲的宗主国那里终于获得自由而欢呼，并为自己的国家逐渐取得经济和政治上的国际地位而自豪。南方的黑奴，他们简直不能算人，他们当然没有份儿；印第安人就算是人，也是野蛮人，初到美洲大陆的欧洲移民曾经受到他们的帮助，后来也被抛诸脑后，印第安人遭到大规模的屠杀，他们当然没有份儿；日本人朝鲜人没有份儿，中国人也没有份儿。这些少数民族对于美国发展所作出的贡献，似乎完全被遗忘了。

1882年，美国国会曾通过《排华法案》，这是美国历史上第一个也是唯一一个排斥某个特定族群的法案。在《排华法案》执行期间，华人不得入籍，不得和白人通婚，不得购买土地房产，华人的妻儿不得进入美国团聚。这个法案禁止华工移民10年，以后被一再延长，直至1943年才被废除。

美国的民权运动历经200多年的挣扎和奋斗。1865年林肯总统说服国会通过了宪法第十三修正案，在美国全部废除奴隶制。随后美国于1870年通过第十五次宪法修正案赋予非裔公民投票权。1919年，通过第十九次宪法修正案赋予妇女公民投票权。当今的美国社会情况已经大为改观。这要归功于各族群的共同努力，相互支持。20世纪60年代的民权运动，它不仅让黑人获得了实际上的自由和平等，也使美国社会对所有肤色和民族的平等，都予以承认，真正意义上的"人人平等"才得以实现。从社会现实来说，美国社会仍然存在不平等。从某种角度来说，有人甚至认为存在看不见的等级制度。美国并不是一个生来完美的国家，但让美国人自豪的是，他们的国家始终在不断地进步。

在过去的20年里，美国社会对历史上发生过的种族歧视事件进行了反思，并经由法律程序重新定论。美国政府在1988年就第二次世界大战时期将日裔美国人关进集中营道歉，并每人赔偿2万美元；1993年对夏威夷土著道歉；2009年6月为黑奴制度向非裔美国人道歉；2010年5月再次对印第安人的不公正对待道歉；加州政府在2009年承认，150多年前，华裔移民因为不公正的法律和不公平的对待而遭受迫害，并为此道歉；敦促美国国会就《排华法案》向华裔社区正式道歉的提案，也正在华人移民的推动中。

然而，不可否认，人们内心深处的歧视仍然存在，潜意识中的排斥异己的倾向仍然时时左右着人们的行为。

如果说，在中国也存在基于地域的相互歧视，城里人看不起农村人，沿海地区看不起内陆城市，北方人看不惯南方人的精打细算，认为是斤斤计较，南方人看不惯北方人的不拘小节，认为缺乏修养。那么，美国居住着来自世界各地，数十种，甚至上百种文化背景的人们。他们肤色长相不同，语言文字不同，文化历史不同，衣着打扮不同，生活习惯不同，甚至人生哲学也大相径庭。在这些人们当中，不产生误解，不产生矛盾，甚至冲突，简直是不可能的。人与人之间的矛盾与冲突在所难免，关键是看人们怎样对待它们。

人们偶尔也会在别的民族、别的地区的人们身上见到看不顺眼的行为，因为跟自己的习惯和文化迥然相异。比如说龙舟节期间那种震耳欲聋的锣鼓，有些美国人会觉得破坏了公园清幽的环境而侧目以视，他们完全忘记了在自己的摇滚音乐会上，足以震破耳鼓的音乐有过之无不及。

大家都有相似的情感、相似的缺点，也有相似的优点。每一个民族都有聪明、勤奋、出色的人；每一种文化，如果了解得够深，也必定能看到独具特色、令人折服的一面。正像中国老话所说的那样，不可"以貌取人"。这与马丁·路德·金所倡导的信念基本一致，对待任何一个人，不应当以貌取人，也不应当由他的相貌出身来判断。他的个人品质和才能，才是衡量其价值的真正标准。

《遐想》雕像是一个东方女性的温婉形象，她在菲蓝公园几乎成了亚洲移民的象征。在她被恶意地用喷漆和种族仇恨符号损坏之后，这个明显的歧视行为造成了在亚洲移民地区，少数裔与多数裔之间的敌意骤然增加，不同种族之间陆续发生了一些激烈冲突。这个事件开始受到美国全国新闻媒体的关注，甚至中文的博客也开始关注和报道。

为了修复一件受人喜爱的艺术品，更重要的是，为了帮助社区修复仇恨所造成的创伤，由圣保罗公共艺术协会和圣保罗东城区艺术理事会组织，在菲蓝公园举行了一场修复雕像的活动，也是一场象征各族裔相互尊重并和谐相处的仪式，冠名为

圣保罗中国明华合唱团的歌声回荡在《遐想》修复仪式

"团结的盛典"。参与修复活动的有艺术家团体、亚洲社区市民、当地警方、圣保罗市议会代表和来自三个不同教会的神职人员。

8月15日下午4点左右,在深厚沉重的大鼓敲击声中,人们开始陆续聚集在菲蓝公园的湖畔。白色的帷幕将《遐想》与周围的景致隔开来,给现场带来一种凝重的氛围。尽管在活动筹划过程中,我已经看到过现场图片,但当走进白色的帷幕,亲眼见到《遐想》受到的伤害时,清晰地感到这种伤害所传达的仇恨是如此之甚。我不寒而栗,深深地意识到这场修复,将不仅仅是一个人面对一件受损的艺术品,更将是作为社会群体的一分子,面对意识形态的冲突。在这样一场较量面前,个人的力量微不足道,只有大家携手才能带来最终的愈合。

圣保罗中国明华合唱团、喀麦隆非洲合唱团和老挝苗族儿童合唱团分别用各自的母语,唱出团结的主题。来自社区的每一种声音汇合成了一片谐调的和声,成为给种族主义犯罪行为最有力的回击。

这件罪行发生在《遐想》雕塑上,给了雷宜锌很大的震动。每一件凝聚了艺术家心血和汗水的作品就像他的一个孩子,《遐想》更是一个远在万水千山之外的牵挂。在修复仪式的筹办过程中,我尽力把最新的进展传达给他。雷宜锌虽然不能亲

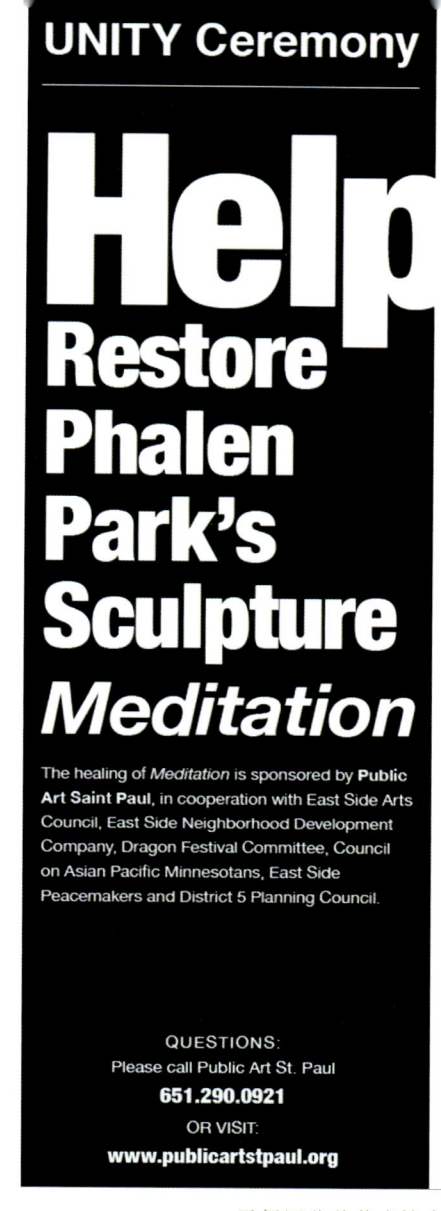 

圣保罗公共艺术协会组织《遐想》修复仪式的海报

自来参加修复仪式，但写了一篇致辞，让我在修复仪式上带给大家。他写道："两年前，我和夫人受圣保罗公共艺术委员会和美中友好协会明州分会邀请来到圣保罗，参加国际石雕研究会，圣保罗的一切都给我们留下终身难忘的美好印象，我用我的全身心在40天时间内创作了这件石雕作品，取名为《遐想》，我想表达的是，这是一块祥和安宁的土地，它让人对现实和未来充满美好憧憬和期望。"

"我非常庆幸，艺术的语言没有国界，几乎每一个人都能读懂这件作品。许多美国人向我表达了对这件作品的喜爱。我很高兴我的艺术作品能让大家分享，这件作品见证了我和圣保罗的情感和友谊、也见证了世界各国艺术家与美国的友谊。"

STONE OF HOPE
岩石上的梦想

120

雕塑家雷宜锌为马丁·路德·金塑像始末
Lei Yixin The Master Sculptor of Martine Luther King National Memorial

圣保罗公共艺术协会组织的《遐想》修复仪式

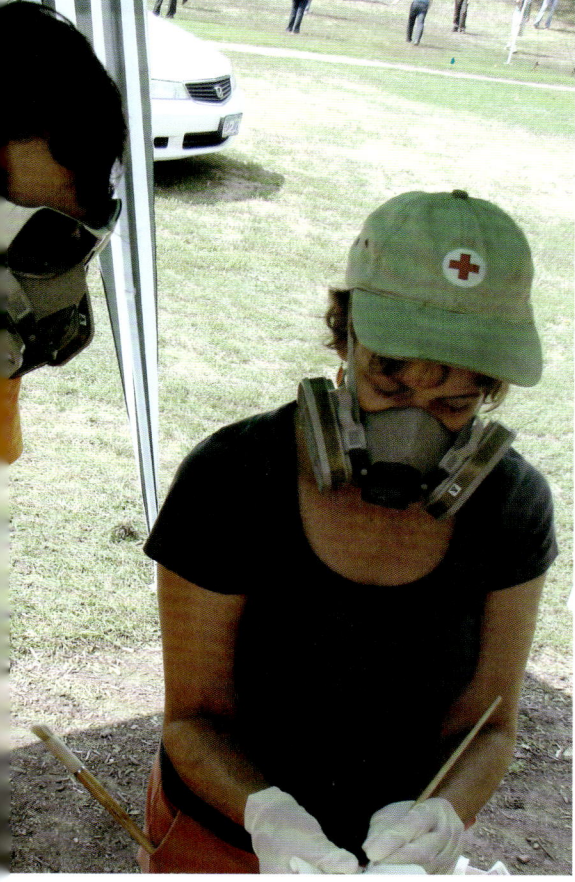

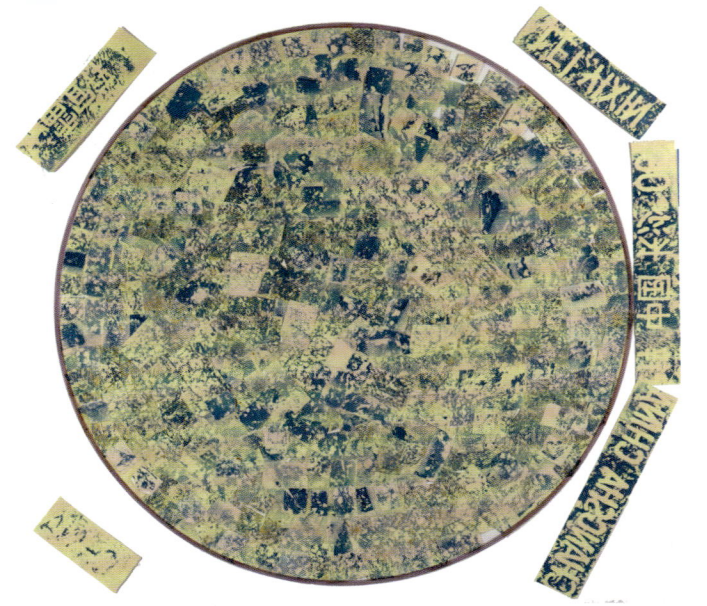

圣保罗公共艺术协会的马可斯·杨将修复《遐想》的胶条收集起来拼成一幅名为《从畏惧到无所畏惧》的艺术作品

"但是,很遗憾,不久前,还是有人做出了这种破坏艺术的事情,我的确很难过……不过,我很高兴地知道你们会为这件事情举行这么隆重的仪式。"

"我会宽恕那些破坏者,你们知道,中国北京正在举办奥运会,全世界不同国家不同肤色的人汇集中国,大家在一起像过节一样欢乐。我正在为美国民权领袖马丁·路德·金塑像。马丁·路德·金是一位了不起的伟人,我被他的精神感染,他告诉我们:仇恨解决不了问题,天下所有的人之间都要充满爱,爱能融化仇恨。愿天下所有的人都情同手足同唱一首爱的歌。"

"爱的力量真是太伟大了!"

暮色渐渐地降临了,在音乐声中,烛光将围绕在《遐想》四周的白色帷幕照亮。组织者将胶带剪成小片,每个参与活动的志愿者拿着一片胶带,贴在雕像上,再用力扯开,把喷涂在石像上的蓝色油漆清除。在那个瞬间,爱在融化仇恨。每名参与者都用自己的行为表明,这件艺术品不但属于她的作者,属于亚洲移民,也属于每一个热爱艺术、热爱生活、热爱美的人。《遐想》是每个人的《遐想》。

《遐想》的修复仪式在社区中引起了很大的反响。次日,明尼苏达州第一大报纸《明星论坛报》刊登了图片和报道,题为《在仇恨符号与文字之后的愈合鼓声》。

"我将此称为一种神圣的仪式,"圣保罗公共艺术协会主席克里斯汀这样说,"它不同于形式表演,也不是宣传动员,这是对仇恨行为的一种清肃,以及情感灵魂的一种愈合的仪式。"

圣保罗公共艺术协会的艺术家马克斯·杨将志愿者清理后的胶条收集起来,拼成了一幅艺术作品,题名为《从畏惧到无所畏惧》,悬挂在圣保罗公共艺术协会办公室。

　　第二年，也就是2009年的龙舟节前后，《遐想》又遭到了小规模的涂污。得益于2008年的修复和外涂层保护的添加，新的涂污很容易就被清除了。社区又一次被触动，更多的志愿者加入了巡视保护的行列，从2009年后再也没有类似的破坏行为发生。

　　在这样的社区活动中，美国的民间非营利性组织在保留文化传承，保持文化的多元化和可持续性发展中，起到不可忽视的重要作用。圣保罗公共艺术协会的克里斯汀女士现在已经成了我的好朋友。她曾不经意地在谈话中说到，公共艺术与博物馆收藏的艺术是不同的范畴。公共艺术的产生需要社区的投入和努力，其维护可能面对多元价值观的冲突与和解，它的魅力在于它可以影响和改变普通人的生活。公共艺术是艺术为载体的一股社会力量。

　　当雷宜锌被选为马丁·路德·金纪念园雕像的主创艺术家时，反对的声音曾经因为他来自中国而想当然地认为，他不能理解马丁·路德·金的精神遗产，认为他不能体会美国社会中黑人被歧视的社会现象。但他们并没有意识到，人类之间的相互歧视真是花样繁多、品种齐全。种族歧视，宗教歧视，地域歧视，出身歧视，性别歧视，富人歧视穷人，健康人歧视残疾人。只要一个社会群体享有更多权益，占有更多社会资源，歧视就会产生。而且理由非常简单，只因为他人与自己属于不同群体。歧视不仅存在于美国社会，针对黑人，也可能针对其他少数族群。歧视可能发生在世界任何角落，针对任何弱势群体。马丁·路德·金的伟大，正因为其理念的世界性和普适意义。

　　《遐想》的遭遇，恰恰是这一点的最好注脚。

第十二章　友谊之桥

在创作马丁·路德·金雕像过程中，尤其是在反对意见中，雷宜锌也切身体会到中西方文化之间的差异，由所产生的相互之间的信息误读，进而导致互相误解。

虽然当今社会资讯如此发达，获取信息易如反掌。但每个人都不由自主地只留心与自己相关的事情。不同社会群体之间的相互了解仍然少得令人惊异，更何况是两种截然不同的文化之间。

东西方文化曾经各自独立地发展了几千年。浩瀚的海洋与广袤的大陆，千百年来阻隔着人们的交流。自20世纪初，现代交通与通信技术的飞速发展，地球变得越来越小。任何一个角落发生了什么事情，全世界的人们都伸出头来看热闹，鸡犬相闻，仿佛一个小村庄。西方人当然不再像马可·波罗的时代那样认为，世界的另一头住着六条腿的怪物；东方人也完全明白来自西方的并不是红毛绿眼的妖魔。然而东西方文化之间的深入了解，还远远不够。"愿天下人都情同手足"是很美妙的图画，但如果缺乏相互了解，又如何相互尊重？

2006年，雷宜锌在美国明尼苏达州参加国际石雕研讨会之后，感觉到一种促进交流的冲动。石雕研讨会给他提供了一个走向世界的平台，他希望自己也能成为湖南艺术界与明尼苏达艺术界之间的桥梁，把来自故乡的艺术与明尼苏达州的人民分享。作为湖南省文联美协的领导，雷宜锌把这看成自己的责任和义务。

明尼苏达州一向与中国有着深厚的渊源。早在1914年，数十名中国留学生就来到明尼苏达大学深造。到20世纪80年代，来自中国台湾和中国大陆的留学生近2000人，一度居美国各大院校榜首。2005年的统计数字表明，在中国，明尼苏达大学校友有近8000人，他们积极推动着明尼苏达州和中国的交流合作。

湖南长沙市和圣保罗市结成友好城市可以追溯到20世纪80年代，在中美的外交大门由尼克松和基辛格的访华而正式开启之后，在过去30年中，长沙和圣保罗的市长们都组织代表团进行过文化友好交流访问，民间的商务往来更是越来越频繁。在更多的时候，友好城市是一种由民间志愿者所推动的关系。自从2006年石雕研讨会之后，雷宜锌的工作室就成为了长沙市，甚至湖南省外交事务中访问交流的重要节目。世界各地的友好城市纷纷慕名访问。2008年当圣保罗市长科尔曼访问长沙市时，拜访了雷宜锌的工作室，参观了正在创作中的马丁·路德·金雕塑。

1987年湖南省长沙市王克英市长访问美国明尼苏达州首府圣保罗

1988年圣保罗市长拉蒂摩回访长沙市

2008年圣保罗市长科尔曼带代表团访问长沙市雷宜锌工作室

美国国际城市管理协会代表团访问雷宜锌工作室

雷宜锌的作品《遐想》是他和圣保罗城市的一个传奇。圣保罗公共艺术协会将雷宜锌从万里之外的中国邀请到圣保罗，他留给了圣保罗人一份珍贵的礼物，《遐想》雕塑。这个雕塑也代表着雷宜锌的艺术从中国走向了世界。2008年《遐想》的被损和修复，又一次加深了双方之间的理解和友情。圣保罗人为能结识这样一位雕塑大师而欣喜，雷宜锌也毫不掩饰对圣保罗的喜爱，他真挚地说："对我来说，这里是美国最好的城市！"

而圣保罗公共艺术协会更是与雷宜锌结下不解之缘。说起来，他们是同行。雷宜锌的城市雕塑属于公共艺术，而圣保罗的这个公共艺术协会所做的事情更广泛。它是一个民间非营利性组织，创立于1987年，旨在推动各种形式的艺术在市政建设项目中的参与，并且保证资金来源。

除了举办如国际石雕研讨会这样的大型活动，从2005年起，圣保罗公共艺术协会设立了兼职城市艺术家的职位，通过公开招聘竞争，聘请到有志于在公共艺术领域有所作为的艺术家，为其提供经费，并与圣保罗市政工程和城市建设部门协调合作，以城市及普通大众生活为创作平台，让艺术、艺术家及城市一起发展。

作为第一任兼职艺术家的斯蒂夫·伍德沃特研究了公众在交通拥堵的情绪反应，设计了一系列艺术性路标和雕塑，在不同的季节安放在圣保罗市交通最糟糕的地带，以艺术氛围来平息大家在交通拥堵中产生的焦虑甚至敌意。

来自美国爱阿华州的华裔马克斯·杨是第二任兼职艺术家，正是他组织了修复《遐想》雕塑的活动。《步行道上生活的诗》是他的另一个行为艺术项目。每年春末夏初，圣保罗市政府会进行一年一度的对城市人行道例行的修缮。这时由圣保罗公共艺术协会发起竞赛，征集市民们自己创作的诗篇，入选的作品会在人行道施工

《和谐湖南》艺术展宣传明信片

时，用模子刻在水泥路面上。市民们忙着构思和创作自己的诗歌，期待自己的大作在修缮一新的人行道上出现，连修缮施工所带来的生活不便也忘却。例行的施工不仅没有成为市民们的生活负担，或者指责市政府的借口，反而成为一项令人期待的节目，给单调的生活带来新鲜的色彩。

《翱翔天际的心愿》是马克斯·杨和明州华裔舞蹈艺术家沈培女士合作策划的另一个大众艺术活动。发源于明州西北部的密西西比河在汇集了几条支流后，流经圣保罗的市中心，并且沉积出一个半岛，被设立为市立公园。每年7月4日美国独立日时，这里总会举办大型庆典。而在春暖花开的4月的周末，《翱翔天际的心愿》吸引了成百上千来自各个社区的家庭来到这个半岛放风筝。每一位参与者可以领取一只燕儿风筝，用彩笔或毛笔写上自己的心愿和祝福，让风筝带着它们在天空翱翔。上百只风筝，五颜六色，在空中翱翔，让人不禁吟哦："暮春者，春服既成，风乎舞雩，咏而归。"活动之后，这些风筝被回收，一年一年重复使用，所以上面会写满了来自不同种族不同文化背景的文字和图案。人们对着一只小小的风筝，倾诉自己内心最深沉的愿望。下一年来放风筝的人们，读着往年的心愿和祝福，有时会心一笑，有时又为他人欷歔感叹。风筝带着大家打破陌生的界限，作穿越心灵的旅行。

从城市雕塑到行为艺术，圣保罗公共艺术协会和雷宜锌有一个相同之处，他们似乎都在宣称，自己的艺术是属于普通大众的。从长沙到圣保罗，也许公众有时并未意识到自己是在艺术中漫步，但在不知不觉中，艺术已经进入了自己的生活，成为生活的一部分。

对于雷宜锌来说，看到圣保罗的文化艺术事业充满活力，他多么想把中国的艺术介绍给圣保罗人。带领湖南的艺术家到美国去,办一个综合艺术展,让两个友好城市之间的文化艺术更广泛地交流,这成了他的心愿。他从2009年开始策划,2010年3月开始正式和圣保罗市进行接洽艺术展合作事宜。

旅美华人熊京民,是明尼苏达州美中商务关系协会的创始人,自从2006年的石雕研讨会以来,一直与雷宜锌保持着亲切的友谊。他和圣保罗市长助理乔·斯宾塞提供了艺术团需要的签证文件,并且和明州企业界、慈善基金联系活动赞助。而我则协助中美人民友好协会明尼苏达州分会,以及圣保罗公共艺术协会,寻找合适的画廊,这却费了一番周折。

"计划"和"预约"是美国文化中很重要的一个传统,是时间安排上的一种约定俗成。大家的时间,大到政界要人的外事活动,小到学生们的活动安排,都是提前数周甚至数月安排。当我们开始联系画廊时才发现,明州顶尖的博物馆,例如明尼阿波利斯艺术博物馆、沃克现代艺术中心的展览安排都已经排到2012年之后。另外,由于受经济衰退的影响,很多商业画廊纷纷倒闭。这些情况使得选择画廊十分困难。在几个画廊之间权衡后,我们最后选定了视觉艺术学院的展览画廊。雷宜锌对那里并不陌生,2006年石雕研讨会期间,在此举办过系列艺术沙龙,雷宜锌曾在这个地方向圣保罗的民众介绍过他的雕塑艺术。现在他将再次为圣保罗和明州民众带来中国湖南的艺术。

办一次专业的艺术展览费时费力,组织工作千头万绪。更何况,这次艺术展又是跨国度跨语言文化的交流,需要很多人力物力支持。可是这样的民间交流活动,既没有资金来源,也没有专职的组织人员,大量繁杂的筹备工作完全依靠热心的志愿者来完成。志愿者中有长沙人、湖南人、中国人,更有圣保罗人、明州人、美国人。

圣保罗市长科尔曼在《和谐湖南》艺术展与雷宜锌交谈

在长沙方面，雷宜锌邀请组织了十几位湖南艺术家的绘画、雕塑、书法，以及摄影方面的获奖作品，参加艺术展的艺术家除了雷宜锌外，包括湖南著名艺术家何满宗、朱训德、张利萍、胡立伟、曹明求等。遗憾的是，由于受到签证限制，除雷宜锌外，只有4位具有全国性声望的艺术家来到圣保罗访问。他们是湖南省书法协会会长何满宗，他擅长书写唐诗；湖南师范大学美术学院院长朱训德，是一位技法高超的中国画家，以宁静及世界和平为主题；湖南省书画研究院副院长胡立伟，擅长以人与自然和谐为主题的中国画；国家一级画家曹明求，有6幅牡丹作品被中国美术馆收藏，既擅长以中西兼备的技法进行绘画创作，也精于把中国传统艺术图案融入现代时装设计。

雷宜锌将带给明州人他最新创作的两件雕塑的复制品。一件是陈纳德将军的石雕，他所领导的"中国空军美籍志愿大队"在第二次世界大战期间与日本侵略者作战，史称"飞虎队"；另一件雕塑表现的是中国最后一次内战前夕，毛泽东与蒋介石在和平谈判中互相敬酒的场面。除了这两件复制的小型雕塑，雷宜锌还将展示了他绘制的两幅木刻版画。这些版画是他义务为湖南"作家爱心书屋"制作的，他为所有捐赠作品的艺术家都制作了一幅肖像版画，10年中累积下来达到300余幅。

STONE OF HOPE 岩石上的梦想

130

雕塑家雷宜锌为马丁·路德·金塑像始末
Lei Yixin The Master Sculptor of Martine Luther King National Memorial

雷宜锌在《和谐湖南》艺术展的四幅作品

2010年6月，明尼苏达州的新闻媒体和艺术网站上，开始陆续介绍即将到来的名为《和谐湖南》的美术、书法、摄影艺术展，以及来自圣保罗的友好姐妹城市，中国湖南长沙的艺术代表团。艺术展在圣保罗视觉艺术画廊举办，主办单位包括，圣保罗市市长办公室、圣保罗视觉艺术学院、圣保罗公共艺术协会、中美人民友好协会明尼苏达州分会。

为期10天的艺术展，吸引了众多的艺术家和艺术爱好者。作为一个中西部城市，近些年来圣保罗接受东方文化的动态交流的机会远不如东西海岸的大城市如纽约或旧金山多。艺术家与艺术爱好者对于中国艺术，对于中国的传统艺术技法还相对比较陌生。注重写意，追求"妙在似与不似之间"的中国画，给习惯于西方艺术的眼睛带来新的感受。中国书法中或秀丽、或遒劲、或浑厚、或灵动的精神，不通象形文字的观众也开始领略其中的美。在艺术展的交流互动中，湖南的艺术家们感受到明州人那种发自内心的对于艺术的热爱，他们调动自己的文化艺术修养，去理解和欣赏来自大洋彼岸的中国艺术。

艺术展期间，湖南长沙代表团也参观了圣保罗的各处风景点，尤其是菲蓝湖边的《遐想》雕像。雷宜锌用手抚摸着《遐想》，回想起4年前第一次走出中国，在圣保罗挥汗如雨的创作情景。圣保罗公共艺术协会的克里斯汀向他提及《遐想》的修复过程，雷宜锌无法抑制内心的激动。石雕研讨会和《遐想》，是他的艺术生涯从中国走向世界的出发点。

在艺术展闭幕式上，圣保罗的科尔曼市长向艺术家们赠送了礼品，代表团也展示了赠送给各赞助机构的艺术礼物。

尤其让代表团印象深刻的，是圣保罗市公共艺术协会举行的招待晚会。他们邀请了所有曾经参与2006年国际石雕研讨会的明州艺术家。有朋自远方来，不亦乐乎。再度与雷宜锌聚首，艺术家们为其和其他来自长沙的朋友们即兴演奏了小提琴和吉他。在音乐的感染中，大家忘却了身份和国籍，语言的隔膜、文化的差异、陌生感不复存在。大家一起唱起了歌，载歌载舞，沉浸在美好的回忆和向往中，仲夏的夜空充满欢声笑语。

当年为雷宜锌担任艺术翻译的城市规划师卢伟民，也高兴地参加了当日代表团的活动。卢先生不仅在城市规划领域取得卓越成就，他更是积极推动中美交流的华裔精英。他曾在20世纪70年代末，中美建交之初，就参与中美规划设计代表团的交流互访。圣保罗市1988年与湖南长沙市建立友好城市之后,作为长沙、圣保罗友好城市委员会主席,他在圣保罗接待长沙市代表团,之后并陪同圣保罗市市长一行访问长沙市。此时看到长沙与圣保罗之间的文化交流达到新的程度,他倍感欣慰。虽然已经退休,卢先生仍在为圣保罗城市建设和中美文化交流而辛勤工作。他告诉大家,目前他正参与筹建一座中国园林,地点将位于《遐想》所在的菲蓝公园,与那位托腮凝思的少女隔湖相对,相映成趣。

公共艺术协会的克里斯汀也很高兴,很多参加石雕研讨会的艺术家回国之后,都带领自己的同胞艺术家返回圣保罗,进行这样的交流活动。这是国际石雕研讨会的初衷和精神所在,国际石雕研讨会不仅仅产生了精美的艺术品,它更播下了友谊的种子。随着岁月的灌溉,种子正在开花结果。国际艺术家之间的交流被促进,不同文化之间的了解在深入。隔阂,会被互相之间的了解慢慢消除;误解,会在友谊中冰释。

这是同行的艺术家们第一次美国之旅,从东海岸到西海岸,他们访问了风格迥异的美国城市,而圣保罗之行无疑给他们最深刻的印象,尤其被明州人的热情和真诚所感动。在圣保罗,中美友协会长玛丽女士曾经邀请大家在自己家里烧烤聚餐。湖南人和明州人不分彼此,在炙热的烤炉边喝着冰镇啤酒,自己动手烤制美食,无拘无束地谈笑,像多年的老友,又像熟络不拘的左邻右舍。

当代表团回中国后,雷宜锌说:"在圣保罗的那一天非常忙碌,但印象很深,代表团的每个人都终生难忘。那是我们这次美国之行中最好的一天。"雷宜锌自己更是高兴又见到了4年前在明州认识的很多湖南长沙老乡。同行的湖南省外侨办国际交流处王丽文处长回忆说,在圣保罗市,他们经历了与当地官方及民间的多层次交流,其深入的程度超出以往公务访问时的情形,双方之间的陌生感,语言文化的隔膜,在朋友式的交流中消失。这与雷宜锌在当地的被尊重和受欢迎的程度是分不开的。他的作品《遐想》已成为圣保罗与长沙,甚至中美两国之间文化交流的具有象征性意义的标志。

雷宜锌不仅以卓越的艺术才华赢得了明州人民对其作品的认同和喜爱,更因为他朴实、直率、诚信的个性,赢得了对他个人品质的尊重。

而那时,马丁·路德·金的雕塑正在太平洋的货轮上前往美国。

从美国回到长沙,雷宜锌顾不得调整时差,就夜以继日地投入另一个工程的紧张施工中——芷江飞虎队纪念馆。这是他第二次创作以美国人为表现对象的纪念雕像，材质仍然是花岗岩，而地点却在湖南芷江。

芷江在中国历史上有着独特的经历。

中国抗日战争胜利受降旧址位于湖南省芷江侗族自治县芷江镇七里桥村，是中国人民接受侵华日军投降的旧址。1937年7月7日，北京发生"卢沟桥事变"，日本侵华战争全面爆发，之后中国军民经过8年的浴血奋战。1945年8月14日，日本天皇裕仁迫于国际压力，正式决定接受《波茨坦公告》，结束对华的侵略战争，宣布日本无条件投降。当日，蒋介石以中国战区最高统帅名义，密电侵华日军最高指挥官冈村宁次，将中国战区受降地点定在芷江。1945年8月21日至23日，日本降使今井武夫飞抵芷江向中国政府宣布无条件投降，双方商定受降细则。三日后，双方代表于南京正式签字。"芷江受降"，由此永远定格在历史的坐标上，永载历史史册。正所谓，"烽火八年起卢沟，受降一日落芷江"。

为纪念"芷江受降"这一重大历史事件，1947年8月30日国民政府在芷江受降地修建代表中国抗战胜利的标志性建筑——受降纪念坊，该坊为中国大地上唯一纪念抗日战争胜利标志性建筑物，是世界反法西斯战争取得胜利的重要历史见证，被称为"中国的凯旋门"。

1985年，芷江受降旧址正式对外开放，纪念馆内陈列有国家一级文物29件，二级文物30件，三级文物89件，重要文献资料1000余件，被誉为中国的"抗战胜利受降博览窗"。近年来，芷江的抗战文化得到进一步提炼升华，成功地举办"中国芷江·国际和平文化节"，成为反思历史，提倡世界和平，增进国际间友谊的平台。

雷宜锌对芷江有着深厚的感情。他人生中8年的青春岁月留在芷江，上山下乡的那种磨难曾厚重痛苦，让人渴望遗忘。但随着岁月流逝，这种磨难所培养造就的勤奋刻苦的素质，成为他走向成功的不可或缺的品质之一。他怀念那个地方，希望有机会回报那里的山山水水。

还有另一个人，对芷江有着非凡的意义。他是一个美国人，中文名叫陈纳德。提起"飞虎将军"陈纳德，即使在半个多世纪后的今天，仍然令人动容。

陈纳德从第一次世界大战开始就在军中服役，后来成为美国空军战斗机飞行员，历任美国空军驱逐机中队长、航空兵战术学校教官等职。他在军中极力主张战斗机的重要性，并出版了专著。但当时美国空军流行"轰炸至上"理论，他的主张没有获得重视。1937年因与上司不和及听力衰退，以空军上尉衔退役。同年，他受中华民国政府邀请，赴华担任空军顾问。正当此时，抗日战争全面爆发。陈纳德受国民政府委托，在昆明创办航空学校，培训轰炸机和战斗机飞行员，并招募志愿飞行员组成"志愿轰炸机中队"，对抗日军。

真正让他大展拳脚的机会，始于1940年。当时苏联航空志愿队从中国撤出，陈纳德受国民政府委托，回到美国争取对华援助。罗斯福总统签署法案，为中国提供100架战斗机，同时准许退役或预备役的美军到中国参加志愿队对日作战。陈纳德招募了大约100名美国飞行员和200名地勤人员，组成"中国空军美籍志愿大队"。在这100名美籍年轻飞行员中，有战斗机训练经验的人很少，但他们在中国的薪水和奖金却很高。所谓重赏之下，必有勇夫。当时美国尚未对日宣战，他们最初也许并非出于高尚的国际人道主义精神来到中国，被看成"亡命之徒"。但是他们在陈纳德的训练下，在抗击日军的浴血奋战中，却渐渐成长为优秀的战斗机飞行员。

1941年12月20日志愿大队在昆明首次迎战日军，击落5架日本轰炸机，取得了自从日本零式战斗机肆虐中国战场以来的首次空战胜利。后来又多次重创日军。由于志愿大队战果斐然，成为美军在亚洲战场的骄傲。据官方统计，有299架日军飞机与1000名的日本飞行员在与志愿大队交手时被击落，或在地面上被击毁。志愿大队因此创造了18位王牌飞行员，成为一支闻名遐迩的盟军战斗部队。

志愿大队为了鼓舞士气，威吓日军，在自己的飞机上画上鲨鱼头。在昆明的战斗中，中国军民看到飞机上的鲨鱼标志，误以为是老虎，就将志愿大队称为"飞虎队"，从此志愿大队以"飞虎队"名垂青史。迪斯尼公司创始人沃特·迪斯尼亲自为"飞虎队"设计了队标，一只展开双翅、飞身跃起的老虎。在飞虎队员的飞行服背后，缝有一幅识别图样，印着"飞虎"标志，两行中文写着"来华助战洋人，军民一体救护"，指示军民救护被击落的飞虎队员。这幅图样成为中美协同作战，在东亚战场抗击日军的标志之一，直至今日还在第二次世界大战纪念品上时常出现。

1941年日本偷袭珍珠港以后，美国对日宣战。飞虎队收编入美国空军，陈纳德以上校衔恢复现役，后晋升为准将和少将，指挥第十四航空队。抗战期间，陈纳德指挥的第十四航空队以500架飞机的代价击毁超过2500架日军飞机，同时击沉为数不少的日本商船和军舰。1958年，陈纳德中将病逝于华盛顿，葬于阿灵顿国家公墓。中国台湾设有陈纳德将军铜像及航空队纪念馆。1996年飞虎队获得"美国总统勋章"。

湖南芷江，原是一个名不见经传的山城。陈纳德担任中国空军顾问之后，建议在西南各省开辟几处大型军用秘密机场，芷江被选为其中之一。在原有的小机场基础上，芷江机场扩建成抗战时期盟军在远东的第二大机场。陈纳德在芷江创办了第一所航空学校，为中国空军培养了大批优秀飞行员。"飞虎队"于1943年进驻芷江，以此为空军基地，在抗战中发挥了极其重要的作用。航空学校所培养的中国飞行员也加入"飞虎队"，前后共约500名。中美飞行员们并肩作战，结下生死友情。

半个世纪以后，虽然芷江已不再是军事枢纽，但当地无人不知那个赫赫有名的"老机场"在抗战期间所发挥的重要作用。也无人不知"飞虎将军"陈纳德和他的中国妻子陈香梅，她后来成为活跃在美国政坛上的著名华裔政治活动家。

陈纳德将军在芷江轰轰烈烈的战争岁月，雷宜锌在芷江8年的知青生涯。他们之间似乎有一种神秘的联系。雷宜锌曾经两次巧遇陈纳德将军的遗孀陈香梅女士。第一次是20世纪70年代初，陈香梅女士访华，来到芷江旧地重游。当时他还在芷江当知青，还在探索他的艺术之路。远远望见陈香梅，他知道她的丈夫是一位了不起的人物。另一次却是在几年前，他在华盛顿创作马丁·路德·金雕像。雷宜锌告诉陈香梅，自己来自湖南，芷江人没有忘记陈将军。

他说的没错。2010年芷江县决定修建"飞虎队纪念馆"，委托雷宜锌创作陈纳德将军雕像和一组"飞虎队群雕"。他非常愉快地接受了这个项目。一方面是因为他乐意为芷江有所贡献，另一方面，也是因为陈纳德将军这个人物深深吸引了他。后来当他回忆起创作经过时说："没有哪个雕塑家不想做陈纳德将军的雕像。一看到他那张饱经沧桑的面容，就禁不住想要塑造这位个性强烈的人物。"

雷宜锌非常欣慰地发现，芷江县委对他的创作抱着非常信任的态度，极少干预，并给予他很大的自由度，创作过程非常顺利和愉快，一气呵成。与其他的人物雕像相比，艺术感更强，具有更强的雷宜锌个人风格。在雕像中，陈纳德将军身着飞行服，头戴船形帽，英气勃勃，仿佛刚刚说完他最喜欢对飞虎队员们说的那句话："最后的胜利，一定是属于我们的！"

《飞虎队群雕》也采取了类似的风格。他塑造了7名美国飞虎队队员的形象，重现了当年威震东亚的飞行员们的英姿。在群雕的设计处理上，雷宜锌富有经验，

湖南省芷江县抗战纪念园《飞虎队群雕》

前后仅用了4个月就全部完成。

  2010年9月，正值第二次世界大战结束、抗日战争胜利65周年，芷江举行第四届国际和平文化节。《陈纳德将军雕像》也在此期间揭幕。美国前总统、中美和平外交的开创者吉米·卡特，中国人民对外友好协会会长陈昊苏，为陈纳德将军雕像揭幕。在卡特担任美国总统的任期内，中华人民共和国和美国之间建立正式外交关系。1987年他在访问中国后说，他任美国总统期间最欣慰的就是促成中美关系正常化，他相信中国可以和平统一。卡特卸任后，积极参与调停国际间战争的斡旋工作，发挥了特殊作用，被称为"模范卸任总统"。2002年吉米·卡特荣获诺贝尔和平奖。

  吉米·卡特在美国政坛以平易近人的形象著称，在文化节的开幕式上，他这样解释他对促进中美邦交正常化的初衷，他说："中华人民共和国成立于10月1日，刚好这天也是我的生日，因此我一直对中国和中国人民有着特殊的感情。"他坦率

美国前总统吉米·卡特为湖南省芷江县抗战纪念园《陈纳德》雕塑揭幕

地说："中美关系中有一些分歧，是因为我们两个伟大的国家各自有自己的历史、文化和政治体制，但我认为这个活动（国际和平文化节）传达的信息是和平与文化的交流，这是最重要的。如今，每年约有9万名中国学生到美国留学，5万名美国学生到中国留学。这种友谊和合作最好地阐释了此次和平文化节的意义。"

出席揭幕仪式的还有陈纳德将军的孙女内尔·卡洛韦。她在评价祖父的历史功绩时说："他非常热爱中国人民，并搭建起一座久经考验的中美友谊之桥。"

幸运的是，继陈纳德将军之后，更有吉米·卡特，还有雷宜锌这样的人继续为中美友谊、国际交流及世界和平贡献自己的才智和心血。

第十三章　石匠的抗议

2010年对雷宜锌来说，是极其忙碌而又具有里程碑意义的一年。7月份，他率领湖南艺术家代表团访问了美国，举办了《和谐湖南》艺术展；9月初，他完成了两座大型雕塑，《陈纳德将军》和《飞虎队群雕》在湖南芷江抗战纪念园的国际和平节上与公众见面；从芷江回来，他又踏上了飞往美国华盛顿的航班，准备开始《希望之石》在美国国家广场的的安装施工。恰在这时却又出了问题，使得安装工作完全无法按原定计划的时间开始。这次被卷入事端的是美国国务院。

当重达1700百多吨的《希望之石》和《绝望之山》终于离开厦门港口，在太平洋上驶向美国的巴尔的摩港时，马丁·路德·金基金会和雷宜锌开始为他的安装团队办理赴美国的短期工作签证。团队一行12人，包括建筑工人、石匠、雕刻家和项目管理经理，都到北京美国驻华大使馆进行了面试，并被告知"面签通过"，签证将由特快专递送至长沙。团队人员都回家准备行装，告别家人。团队的成员都已经跟随雷宜锌多年，出门远行完成安装是家常便饭，但这次毕竟不同，要跨洋远行，在一个语言文化都不通的国度工作三个月之久，工程的难度要求也是前所未有的高。大家心里混杂着兴奋、骄傲和自信，但又伴随着隐隐的一丝忐忑和忧虑。

北京的美国驻华使馆虽然批准了雷宜锌的安装团队的面签，但最后的批准和签证的发放，还需要通过美国国务院内务部的最后审核，就在这个节骨眼上，华盛顿地区的泥瓦工及手工业者工会（Local 1 Bricklayers and Allied Craftworkers Union，BAC Union）对基金会提出了抗议。工会这时刚刚发现，纪念园基金会并不打算聘用本地的石匠，而打算聘用中国的工程队，让他们从中国来华盛顿进行雕像的安装工作。这使得他们十分失望和气愤。工会的抗议和对舆论的担心让美国国务院内务部决定暂时延缓发放对雷宜锌团队的签证。

BAC工会主席说："这是一个纪念美国伟人的丰碑，我们有很多失业的石匠希望为之工作。"他质疑说，"我们的工人曾经参与了国家广场所有的工程，为什么他们对我们的工人视而不见？"

一些工会成员聚集在基金会的办公室外面抗议，他们举着工会的牌子，向路人述说，在当前高失业率的情况下，拒绝给美国工人为纪念园工作的机会，是大错特错的。BAC工会并且呼吁国务院，拒绝为雷宜锌的工程队发放签证。

美国石雕协会主席斯科特·加尔文访问马丁·路德·金纪念园工地与雷宜锌、石可合影

对此要求，国务院发言人模棱两可地说："有些签证需要申请人证明美国无人可以胜任他的工作，另外一些签证则不需要。"看，做发言人就要这样，可进可退，哪一条路都不要堵死，以免将来上演唾面自干的悲剧。

这时的争议，看起来与2007年的争议差不多。那时一些美国人强烈抗议基金会选择了一位中国人来创作雕像；现在BAC工会抗议雕像的安装工作被中国工人抢走。不过，这次的争执与三年前的有很大的不同。

2007年的观点以"金是我们的"这个口号为代表，坚决排斥由一个外国人来创作美国英雄的雕像，其原因更倾向于民族感情，倾向于象征意义。而BAC工会的抗议，更主要的理由是经济上的，基于当时的高失业率和对于外包工程的反感情绪。

企业外包始于20世纪60年代。从那时开始，发达国家将一些劳动密集型工厂转移到发展中国家。随着交通运输和通信的高速发展，尤其是互联网的兴起，使得越来越多的行业外包成为可能，客户服务中心、计算机软硬件开发、电子、金融、保险、数据分析等。

不管人们愿意不愿意，外包已经成为全球性趋势。20世纪90年代，爱尔兰还是欧盟最穷的国家之一。因为那里较低的企业税率，美国企业纷纷将一些产业输出到爱尔兰，其中包括软件、电子、医药等。这为爱尔兰带来了戏剧化的繁荣时期，1995年至2007年经济高速发展。德国的主要外包对象是波兰和罗马尼亚，澳大利亚则选中了印度尼西亚。主要的外包目标国家和地区还包括墨西哥、中南美洲、南非和东欧。对于美国和加拿大来说，最大的外包输出国是中国、印度和菲律宾。

外包的主要动因很简单，是为企业降低成本，其带来的结果却是多方面的。比如说，外包目标国家获得了经济发展的机会；劳动密集型工厂的转移，使得发达国家从工业时代进入了后工业服务时代；发达国家的产业结构发生变化，被外包输出的工作越多，本国公民获得的机会就越少，他们必须重新培训新技能。

美国马丁·路德·金国家纪念园基金会董事局成员与雷宜锌合影

  关于企业外包的质疑始终存在，反对者认为，外包使本国工作机会流失，带来高失业率，同时由于外包目标国家的经济兴起，使得本国企业丧失竞争力；支持者则认为，外包使企业降低成本，为本国消费者带来更强的消费能力，同时企业摆脱了低端产业，有更多的机会发展高端产业，从长远来看，使得本国企业更能保持其国际竞争力。

  争议始终未曾停歇，企业的外包趋势也从未停止。

  自2006年次贷危机之后，美国经历了20世纪30年代大萧条以来最严重的经济衰退。失业率逐年攀升，到2010年高达9.6%。而与此相对应的是亚洲发展中国家经济的振兴，尤其是中国近年来的高速发展。这使得关于外包的争议更是激烈。当经济衰退和失业的阴影投射在美国社会之中，公众切身感受到压力的存在，普遍倾向于同情失业者，而对于任何形式的外包都感到是在挖自己的墙脚。

  实际上，为了体现马丁·路德·金这位"民权之父"的理念，基金会非常谨慎地选择参与工程的公司与机构，以保证工程参与者覆盖社会的方方面面。在工程聘用名单中，有大约56%属于少数民族或女性拥有的公司。一位著名的石匠篆刻大师尼克拉斯·本森负责雕刻纪念园中的名言墙，在那里刻上马丁·路德·金的14句名言。本森来自篆刻世家，祖父和父亲都参与过国家纪念碑的雕刻工作，不久前刚完成的第二次世界大战纪念碑的铭文也是他的手笔。

其实BAC工会还不知道，基金会曾咨询过雷宜锌是否愿意雕刻纪念园的名言墙，当时雷宜锌回答说："我的创作力的最佳体现是在《希望之石》上，名言墙的雕刻有很多其他艺术家可以胜任，交给他们吧。"雷宜锌并不在意追求项目的大小多少，他是以艺术创作为使命。如果雷宜锌当时真的接受了雕刻名言墙的工作，有些人更加要气得跳脚了。

对于BAC工会的指责，基金会主席约翰逊回应说："整个纪念园的工程，95%的工作是美国工人做的。所以我们完全相信，不应当排斥任何其他人来参与这项工程，只因为他的宗教信仰、社会背景或国籍。"

虽然BAC工会并没有得到普遍支持，这场争执也没有再次掀起全国性的舆论浪潮，但是工会在美国政坛有相当的影响力，也不是可以被忽视的小帮小派。实际上，工程队的签证当时已经得到国务院的批准，但因为与工会的争议没有解决，国务院也不肯轻易得罪他们。

2010年9月13日，雷宜锌飞抵华盛顿，原来的计划是选定9月中旬开工，这样在12月份冬雪来临之前可以完工。而现实却是应对意外的变故，开始和基金会协调，争取尽快为工程队发放签证。马丁·路德·金基金会的董事会召开了听证会，雷宜锌准备了详细的工程论证资料，图文并茂地介绍他的团队的技术优势，尤其是最具有挑战性的，为达到整个石雕无缝衔接的技术。"完成后的作品看上去应该像一块整石"是当年总建筑师杰克逊向雷宜锌提出的要求，也是雷宜锌和他的安装团队引以为自豪的技术绝招之一。在过于依赖现代重工机械的美国石雕安装领域，这种古老传统的石雕安装方法似乎已经被美国艺术家或者公司所遗忘。

董事会的成员都是美国各个领域颇有影响力的人物，虽然大部分是石雕行业的外行，但当雷宜锌在听证会上不得不披露自己的技术秘密时，他们也完全理解了这中间的复杂和利害关系。杰克逊对董事会说："我们常自豪地宣称，美国人什么都能做出来，但有时候也必须理智地面对现实，承认有些事情还有更厉害的专家就是比我们做得好。"基金会的董事会达成了统一意见，开始与美国内务部和BAC工会进行沟通和协商。

雷宜锌同时也提交给董事会一份书面声明，阐述自己的立场和解释了工程队必须尽快来华盛顿进行雕像安装的理由：

声 明

我必须告诉你们，这个工作团队是完成这件伟大作品的必要保证。

这个团队中的每一个成员都是跟随我多年的助手。他们是最优秀的雕塑艺术家、雕塑专业技术人员和石雕工匠。

他们都经过了长时间的艺术和技术的双重培训，并有着丰富的施工经验。单纯的雕塑家和工匠是不能完成这项工作的。

他们参与了这件作品的前80%的工作。我们到美国来之前已将这件总重量达1700吨作品非常小心地分解成159块散件。现在我们的任务是组装这些散件。组装工作是不能有误差和错误的，这是一件非常专业的工作，不熟悉前期工作的人是不可能完成这一工作的。

将作品组装后，剩下的20%工作是修改、完善、精雕细琢及表层艺术处理，原有的参照物1∶1的模型已不存在，很多未完成的细节及最后效果都在大家心里。他们将继续完成。

将这件作品安装修饰完成，最后展示给世人，是我的合同内分内的工作。在短期内我不可能在美国重新寻找挑选和培训新的助手来为我工作。合作中除了艺术技术以外，默契配合也是很重要的。

正如同一台要求很高的机器设备，我不可能将零部件交给你们，要求你们自己安装并使用，那是不负责任的。不同的人安装的结果是可想而知的。

由于华盛顿气候的原因，我们的工作必须在冬季之前完成。我希望我的团队能尽快赶赴华盛顿。

雷宜锌
2010年9月14日于华盛顿

像建造纪念园这样的大型项目，在运作过程中遇到一些压力和阻力实在平常。有时候，外界的压力来源于好意，出于对项目的关注；有时候，外界的阻力来源于恶意，出于一己私利的考虑。正像在体育比赛中，输赢的压力和裁判的失误是比赛的一部分，不仅必须接受，而且只有处理好压力和阻力，才能赢得比赛。在马丁·路德·金纪念园的建造过程中，基金会所面临的困难不计其数，这次BAC工会的质疑和阻挠只不过是一个小小的插曲。在总建筑师杰克逊和其他具有全局视野人士的坚持下，这个困难也被妥善解决。

解决人与人之间的争端，不外乎两种方式，如果双方力量悬殊，强势一方往往就会懒得啰唆，干脆以强力压服对方。比如说，小孩子向父母据理力争，父母才不会耐心说服，拿出法宝，打屁股，不许出去玩，或者扣零用钱，作为威逼，速战速决。

不给工程人员发放签证，可以算是一种强力压服手段。道理不用讲了，雷宜锌的工程人员无法来到安装现场，基金会自然没办法，得请当地工人。只不过，基金会可不是一群小孩。强力压服手段，是行不通的。

另一种解决争端的方式，也是比较现实的办法，当然是谈判与妥协，双方各退一步。与各方面协商的结果，折中的方法是雷宜锌的工程队名单上去掉了一名厨师，而美国BAC工会则派出两名工人，参与安装。10月初，签证终于发出了。

对于这个结果，雷宜锌大大地松了一口气，这至少可以保证工程的质量。没有随队的厨师，工程队人员的伙食无法保证，情绪也肯定会受到影响。这一点只好由雷宜锌自己想办法弥补了。好在离国家广场不远就有几家中餐馆。后来在安装期间，他们在那几家中餐馆订工作午餐，而晚餐则由雷宜锌的夫人石洁莹负责，天天张罗为十几个人做湖南菜。工程队与雷宜锌合作10多年，他们之间的关系并非老板与伙计，而更像朋友和伙伴。

雷宜锌一行在华盛顿的国家广场安装雕像，受到华人社区的热情欢迎，并以他们为荣。每次当地华侨宴请雷宜锌，如果没有邀请工程队一起参加，雷宜锌都婉拒，决不自己一人前往。当工程队到来之前，雷宜锌在华盛顿焦急地等待，大段的空闲时间让他惋惜不已他感叹说："如果在国内他可以设计和实施很多项目了。"但当大家劝他到各处博物馆散散心，或者到周边旅游一下，他都会回答说："等我的团队来了，我带他们一起去。"

在美国BAC工会方面，派出了两名工人。他们在安装期间的工作非常简单，就是在雕像的散件上刻上凹槽接缝。这两名工人实际上都有自己的公司和工程队，都是老板，早已不做这样简单的活计了。但对于有这样一个机会参与这个项目，都感到非常荣幸。他们说："我们到这里，其实是来见证历史。"他们每天在工地捡碎石块，请雷宜锌签名，装在桶里带回家去分给亲友。

在工地上，每个人不论中国工人，还是美国工人，都是为了一个目标，圆满地完成纪念园的工程而勤奋工作，成为并肩奋斗的朋友。美国工人与中国工人还一起去酒吧喝酒。尽管语言不通，几杯酒喝下去，什么也不用说了。雷宜锌请他们品尝

2010年12月9日，最后一块石雕（马丁·路德·金的头部）即将安装，在场的美方与中方工程人员在石头底部签名

家乡湖南的名烟。大家互相拍拍肩膀，一起吞云吐雾，淳朴友情尽在不言中。

  有一天，美国工人悄悄对中国工人说，有人提醒我们了，说别跟你们走得太近，我们得注意言行，请你们理解。这两位工人和雷宜锌团队的合作十分愉快。但很多时候政治力量包括工会都有自己的利益和立场，作为工会的成员他们也有自己必须遵守的潜规则。

  真令人遗憾，强力压服固然会加强敌意，谈判与妥协也无法消除敌意。它仍然隐隐地存在，虽然没有什么特别的理由。实际上可能正是因为没有明显的理由，才让人无法轻易地放弃敌意。一个假想中的敌人，因为只存在于想象中，如同一个梦魇，因为它的无形，似乎更是无处不在，难以消除。

  在雷宜锌的工程队抵达华盛顿，开始安装工作以后，BAC工会仍密切注视他们的一举一动。他们甚至悄悄派出一个调查员，带着一个翻译，邀上了《华盛顿邮报》的记者，拎了半打啤酒，来到工程队的住处。他们假装找错地方以强化自己的中文水平为理由，与工程队员聊了一两个小时。这位调查员虽然没有太多收获，但却无意中得知，虽然中国工人很自豪能参与这项为国增光的工作，但他们的工资回国后才支付，现在并不知道自己的报酬是多少。

  这成为BAC工会攻击基金会的另一个理由。他们说，美国工人的工资是每小时32美元，加上12美元的福利。中国工人可能远远达不到这个标准。基金会显然为了省钱，利用了廉价劳动力，剥削中国工人，同时剥夺美国工人的就业机会。这真是一个不小的罪名。

  这个结论或者是故意曲解，更可能的原因是文化差异造成的信息误读。

中国工人宣布自己并不知道，也不在乎这项工作的报酬多少，因为这是一个为祖国带来荣誉、令人非常自豪的工作。在中国人看来，这代表高尚的情操，在荣誉面前，金钱不值一提。可是在美国人听来，却是别有一番滋味。负责建造马丁·路德·金纪念像的工人，并非对这位美国英雄心怀崇敬之情，想的却是为中国带来荣誉，这让他们感到难受。

而对于荣誉和金钱的关系，美国人也有不同看法。他们经常可以作为志愿者参加一些社区服务的工作，即使分文不取，也毫无怨言。但如果是付报酬的工作，不管这项工作崇高与否，那也要提前议定工资，白纸黑字，铁证如山，以免将来产生纠纷。而产生纠纷时，劳方吃亏拿不到合理的报酬。那么如果没有事先将工资商定，那一定是资方在搞鬼，剥削劳方。

这是美国人的逻辑。只要涉及财政，那就是大事，事事都要讲清楚、算明账。荣誉则是另一回事，另一个概念，万不可混为一谈。

实际上，工程队与雷宜锌合作那么多年，相互了解。这次跨越重洋的工程，工资会是多少，工程队员心中有数。但对一个素不相识的外国人，他们当然不愿意直言相告。这其实也是很容易理解的，尤其是美国人应该理解。他们对于自己的收入总是讳莫如深，怎么可能随便告诉一个陌生人自己的工资情况呢？"不知道"，其实就是说"不想告诉你"。任何一个头脑清醒的美国人都能理解这一点。

那名调查员原本想找到证据，说明中国工人被剥削、被压迫。但却看到他们的食宿条件很好，在房间里看影碟，公寓的小区里有游泳池和健身中心，无可抱怨。他不甘心一无所获，但作为一个诚实的人，又不可以编造谎言，所以就拿这件小事来做做文章。媒体没有后续报道，事情也被淡忘了。事后，大家把《华盛顿邮报》上发表的文章翻译给工程队员们看，他们认为稿件真实地反映了他们的谈话，并没有任何虚构不实的内容，这使他们对《华盛顿邮报》的新闻真实性倒也颇有感触。只是，这名工会的调查员和他的记者朋友，又如何能理解雷宜锌和他的团队之间的默契渊源，甘苦与共？

雷宜锌的工程队员们对于来访者没有任何防范心理，原本想在美国人面前树立中国工人的高尚形象，却没想到其中的文化差异却节外生枝，自己的好意却差点给基金会捅了娄子。

第十四章　幸福与满足

　　2010年10月，雷宜锌的工程队接到签证，于10月底抵达华盛顿，这比原计划延迟了一个月。加上这之前在运输环节上的拖延，原本计划在冬季来临之前安装完毕，看来是不可能了。

　　基金会在和工会斡旋的同时，也一直在寻找中英文双语的工程经理。纪念园的施工和管理是由MTTG公司承担，这是由四家建筑公司联手为完成纪念园这样一个重大项目成立的合资公司，MTTG的每一个字母代表一个公司。双语的工程经理将负责MTTG与雷宜锌工程团队之间沟通交流，协调施工现场的各种事宜，并且能处理很多琐碎的细节，例如为中国工程队开车，负责他们在美国的日常生活等。最后总建筑师杰克逊决定的合适人选是雷宜锌的儿子，刚刚在美国获得硕士学位的石可。2006年基金会第一次访问长沙时，刚刚大学毕业的石可接待了基金会的来宾。在美国几年的独立生活，让石可了解美国的文化习惯。加上石可自小对石雕工程耳濡目染，和施工团队也比较熟悉，由他来负责双方的沟通非常合适。

美国马丁·路德·金国家纪念园施工现场指挥部的工作会议

雷宜锌与杰克逊在工作会议中

雷宜锌心急如焚，恨不得立刻就开始动手干活。但是不行，工程队员们还必须通过工地的安全培训和例行的药物检查。纪念园工地上的各项操作都十分规范，这也是中国工程队与美国工人合作时必须互相适应的方面。

在安装过程中，雷宜锌也看到了美国工人的工作作风，他非常欣赏他们做事认真、严谨和扎实的作风。工会的分工非常明确，除了BAC工会以外，还有脚手架工会，电工工会等。各个工会各司其职，工地总施工方MTTG的管理有条不紊，质量管理很严格。比如说，那些雕像周围的脚手架，即使在大风中也纹丝不动；广场的地面下，铺设了直径达3厘米的钢筋；还有从加拿大运来的花岗岩板，几乎30厘米厚。一般类似这样的工程，中国和很多国家一般施工的惯例是贴一层花岗岩板，造价和难度都低得多。雷宜锌不禁感叹："这工程可真是千秋万代的打算！"也难怪这个工程的造价高达1.2亿美元了。

这样又过了大半个星期，雷宜锌和他的工程队终于开始着手安装位于纪念园中心的巨型花岗岩雕塑。雕塑将分为两组：后方两座巨石，是《绝望之山》，前面则是从《绝望之山》中冲出的《希望之石》，《希望之石》的正面是近9米高的马丁·路德·金雕像。

历经周折，雷宜锌欣慰地查看《希望之石》的奠基工程进度

　　总重1700多吨，共159块的石雕散件全部存放在巴尔的摩的仓库。工程队每次将需要运送的石块编号告诉运输工人，再由仓库运抵工地。因为石块体积和重量都十分惊人，每次运送石块，都必须提前通知交通部门，在预定时间内运送。所以每次运送时，石块的编号都十分重要，一旦错了，运送来的石块无法安装，需要安装的石块又没有取到，又要等到下一次才能进行。这都将严重影响工程进度。

　　幸亏在厦门港时，雷宜锌已经派助手重新将石块重新整理编码，否则那些雕刻厂故意错乱的编码，将给安装过程带来无穷无尽的麻烦，甚至可能作为口实，引发来自BAC工会的新一轮攻击，质疑中国工程队的工作能力。

　　虽然他们已经制作安装过很多大型雕塑，这次的安装过程仍充满了困难和挑战。比如说，在运输过程中石块的尖角有时会有少许损坏。安装时需要将石块外推一小部分，重新雕刻对应的石面。

　　最具有挑战性的，是基金会总建筑师杰克逊所要求的无缝衔接，完成后的作品看上去应该像一块整石，这给最后的精确安装定位增加了难度。从技术层面来说，异地安装的大型石雕拼装后的结果很自然的会有间隙。他们过去做的只是相对缝隙小的石雕，从未做过无缝衔接的大型雕塑，也没见过无缝衔接的雕塑。为了达到这个要求,他们做了很多研究,也想了很多办法。

比如说,石头的每一衔接面要求机切平整。在安装过程中,还要解决一个吊装方式的问题。由于石块太大、太重,又是无缝衔接,他们通常所使用的那些方法,比如用缆绳打包吊装,都不能完成。因为在吊装完毕后,将无法把吊石头的绳子抽出来。最后他们采用了一个几乎失传了的最古老的原始吊装方法:在石块的向上衔接面上打洞,用膨胀螺丝的方式,装上挂钩,利用挂钩与洞壁之间的张力,吊起石块。安放完毕后,再将挂钩取出。

方法虽然古已有之,但实施在重达40吨的石头上还是创纪录的第一次。还有,由于石块形体太大,吊装时如果摆放不平稳,稍微碰一下就可能碎,施工难度非常大。因为石块并非形状对称,为了保证吊起时的水平,挂钩的位置最为关键,每块石头的形状不同,位置也不同。通常需要两个挂钩,有时需要三个。在石块安装之后,为了保证稳定性,基金会还要求雷宜锌的团队在接缝处涂上特殊的强力胶水。

如此严格的技术要求,不仅对雷宜锌的团队是一个挑战,对美国施工方也是如此。来自美国吊车协会的两名吊车司机刚开始很不适应,每一块石头有着如此不寻

雷宜锌带领团队为每一个石面精益求精,以达到无缝衔接的效果

常的重量和体积，又必须按雷宜锌的方案定位，好几次他们都认为被安全规范限制无法做到。雷宜锌给他们讲解在中国做过的类似案例，并由中方的技术人员出具可行性证明，美国工地的质量检测工程师和吊车司机才慢慢地接受并习惯了雷宜锌的工作方法。事实证明了雷宜锌是正确的，159块石头的吊装没有任何失误。雷宜锌非常感谢这两名吊车司机的合作："他们最后可以在我的要求下达到1厘米之内的精确度，技术非常高超。"双方都是各自领域内的顶级高手，他们之间的互动所产生的能动性，造就了前所未有的奇迹。最后吊车司机和工程队结下了深厚的友谊，大家互相赠送工作服、钢笔和巧克力。

很快，纪念园工地上的不同工种的美国工人们都领略到了中国团队的工作效率。雷宜锌每天早上6点半起床，7点半已经带领他的团队来到工地。一天紧张的工作下来，不到黄昏天色渐晚，他们是不会离开工地的。从周一到周六，天天如此。相比之下，因为美国工会已经为工人制定了工作和休息的时间框架，工人们不会在规定的工时外随意加班，否则会影响到事先商定的工时和薪酬。另外，雷宜锌和他的团队有一种紧迫感，为了挽回因为签证耽搁的时间，好让雕塑仍然能像以前的预期那样，能在冬雪降临前完工，这样就会减少对原先计划纪念园后续工程的完成的影响。

基金会的网站上有施工现场的摄像头所提供的实时图像更新。阴晴雨雪无阻，雕塑一层一层地垒建起来，无序的石块神奇地复活了美国英雄马丁·路德·金。

很快，一个月时间过去了。11月底的感恩节假日是一个4天的长周末，对于在中国习惯了连轴转的雷宜锌和他的团队来说，他们更愿意能有时间在工地上工作。但是他们也知道，只要他们一加班，杰克逊就会和他的助手米尔科一起加班，在工地陪伴他们，有时还要加上其他管理人员。

感恩节，是美国的传统节日，其重要性不亚于圣诞节，是阖家团聚的日子。1863年林肯总统将感恩节定为国家节日。当我们在春节期间看到生活在中国的外国人，就会不由自主地觉得他们远离家人，形只影单。想必基金会的工作人员在感恩节时也有类似的心情。他们的11位成员邀请雷宜锌和他的团队，举办了一次盛大的感恩节大餐。席间雷宜锌才得知，他们中的很多人从基金会刚创立时就开始合作至今，一起工作了15年。等纪念园揭幕后，基金会的使命圆满完成，也将解散，大家会各奔东西。伤感提前在这个感恩的时刻来到大家心里，纪念园完成之际，也将是大家散别之时。

2010年感恩节晚宴，马丁·路德·金纪念园基金会主席哈里逊向雷宜锌一家赠送纪念品

纪念园建造期间，已经引起众多民众的关注，不断有人到现场来参观。在安装雕像的施工现场亲手捡一块废石料，请雷宜锌签名成了最经典的活动。雷宜锌非常热心，来者不拒。临近感恩节和圣诞节，连现场的工程技术人员都低头寻找从雕像上凿挫下来的石料，请雷宜锌签名，并用中文题写"和平"、"爱"。有一天从工地回来，雷宜锌觉得手有些疼，这才意识到是因为那天要求签名的人太多了。

12月初，几位湖南同乡会的中国人来到工地参观，随行者有一位70多岁的黑人老太太。雷宜锌带领他们顺着四层的脚手架攀到雕像顶端，靠近头部的地方。老太太抚摸着雕像，热泪盈眶地说："是，这就是我们的金，我感觉他又活过来了。"她拉着雷宜锌的手，一再地感谢他。这时工程已进入尾声，只剩头顶后面最后的一块石头要吊装了。所有参与工程的人，包括当时在场的几位来访者，都在这块石头的衔接面签上了自己的名字。老太太回去后，激动得整夜没有睡着，跟她的先生一遍又一遍地说着白天的经历。她的先生也无比自豪："你在那块石头上签了名，我的姓也就跟金的雕像一起永远不朽了！"

12月，美国司法部部长埃里克·霍德尔前来参观雕像，他用手抚摸着雕像，泪流满面。他说:"没有金,就没有我,也没有奥巴马总统的今天。"

美国驻联合国前大使安德鲁·扬,曾经是在民权运动中同马丁·路德·金并肩奋斗的战友。他参观了雕像之后,泪如雨下,思绪万千,拉着雷宜锌的手在工地上走了很远。他对雷宜锌说,"你为我们做了了不起的工作,我诚心感激你为纪念园创作的杰作。"

金博士的家人也到工地参观,向雷宜锌表达他们的感谢。

面对来访者们对自己作品的欣赏和钦佩,雷宜锌仍然心境平和,他说:"我不觉得自己很牛,只是觉得很幸运。这个雕塑更多的是意味着中国雕塑艺术和中国雕塑家所得到的理解与尊重。我知道自己这一辈子不会有比这更重要、更受人关注的机会了。现在没有别的想法,就是再忙、再累,也一定要把这个工程做好。"

一转眼到了年底,华盛顿到处是节日气氛,白宫和国会山前的圣诞树都亮了。几场大雪下了又化了,安装工程已经接近尾声。雷宜锌和他的团队已经预定好了机

马丁·路德·金的战友,美国驻联合国前大使安德鲁·杨参观纪念园工地,与雷宜锌握手不放

票，将于12月30日返回中国。我也飞到华盛顿和雷宜锌全家及他的团队一起过圣诞节。这是雷宜锌在美国度过的第一个圣诞节。当石可打开大门迎接我时，扑鼻而来的香气是石洁莹为大家亲手烹饪的圣诞大餐。大家举杯庆贺，感叹这4年来的坎坷和坚持，预祝安装圆满成功。

圣诞节过后的周一，12月27日，雷宜锌和他的团队又像往常一样，在清晨7点半来到工地现场。合作的美国工人已经完成他们的合同，在圣诞节前和雷宜锌告别，他们举着雷宜锌签名的石块说："谢谢，今年我们的亲朋好友都会收到最有意义的圣诞礼物。"雕刻铭文的美国工人，因为天气太冷，工具都无法正常使用而告假，等到4月份春暖花开时再来完成施工。

这一天，天空出奇的蓝，但是天气出奇的冷，狂风呼啸，工地上滴水成冰。石可本来已经通知了脚手架工会，前来拆掉所有的脚手架，但因风速过大，推迟到第二天。于是工地上的美国工人渐渐离去，只剩下雷宜锌的团队还在雕塑上作最后的润色。在寒冷的室外作业非常消耗体力，中午，工程队员在工地的临时办公室里吃完工作餐，也都支持不住，趴在桌上睡着了。雷宜锌则按他的惯例回到工程队代步的白色厢车里睡午觉。杰克逊告诉我，工程队员们通常一吃完饭，立刻就回去干活，今天顶着狂风工作，实在太累了。杰克逊更感叹雷宜锌对物质享受无所求的艺术家本色，当年在圣保罗的石雕研讨会现场，他在树下小憩，这几个月则是在厢车狭小的座位上休息。

第二天，风停了，天气晴朗，几朵白云点缀在天空，如同天使。在脚手架拆掉之前，大家都纷纷爬到雕像顶端，与金博士合影留念。我站在脚手架的最上层，用手抚摸着花岗岩雕出的手，远眺湖对岸的杰斐逊纪念堂和矗立在左后方的华盛顿纪念碑，忽然深深地理解了那两名美国工人的想法，这里正在成就一段历史。每个能够参与其中的人，都似乎在历史上留下了自己的一点印记。在此生偶尔回忆起这段经历，可以微笑地说道，那里也有我的一份辛劳。

脚手架拆到了第二层，是和雕塑合影的最佳高度。杰克逊说，给我和雷来一张合影吧。他们从2006年起合作至今，合影的机会很多，但站在这个高度，接近完美的时刻，意义非凡。随后所有人一起合影，杰克逊和他的助手米尔科，雷宜锌和他的团队，石可、刘勇、胥洪宽、李东如、雷宜莫、陈正梁、刘近曙、葛体屏、王忠荣。今天，这张合影，中国的雕塑家、中国工人与美国国家广场马丁·路德·金纪念园总设计师在一起的合影，分别悬挂在杰克逊办公室和雷宜锌长沙雕塑室最显眼的地方。

整个安装期间，基金会对雷宜锌和他的工程队十分信任，一切技术问题都由他定夺。我曾向杰克逊询问，语言的不通是否在某种意义上净化了交流，只有最重要最关键的信息得以传递。杰克逊认真地说："信任是超越语言之上的，很多时候雷一开口，我就已经知道他要说什么。"似乎要证明他的话，很快我就在工地上亲历了这么一次交流。

当时，工地的质量检测小组发现中国工人们在做一件奇怪的事，他们拿着类似记号笔的工具，在雕像表面上点来点去，在雕像上画了很多黑点。杰克逊亲自过来找到雷宜锌询问原委。雷宜锌解释说："这是因为石块衔接处仍有不自然的痕迹，因为石块的天然纹理有黑点，所以人为地加上一些黑点，让衔接处看起来更加浑然一体。"

"那么这些黑点在石块上能持续多久？以后日晒雨淋，被淡化了怎么办？"通过我的翻译，杰克逊又问道。

"这些黑点能持续3—5年。在这期间，石块经过自然风化，接缝处的斧凿痕迹和细微的颜色差异会消失，就能显得更加自然，黑点就不再需要了。"

杰克逊点点头说道："虽然依照程序，我必须请你解释原因，但我早已知道，你一定有确切的理由这么做。"

在雷宜锌开始这个项目之前，曾经和杰克逊签过一个合同。如此重大的项目，按美国的惯例，签一份超过100多页的合同，来澄清责任和风险似乎是必不可少的。但杰克逊代表基金会和雷宜锌签署的合同却只有区区6页，在雷宜锌眼里，这六页甚至都嫌多余。

"雷，请你起草一份合同吧！"杰克逊在2006年对雷宜锌建议。

雷宜锌的回答让他大吃一惊说："我从来没和合同打过交道。"

杰克逊诧异地问："那你使用何种法律模式？"

"我们握个手，君子一言为定！"雷宜锌爽快地回答。

最后杰克逊还是请了他认为最好的律师，起草了一份6页的合同。在工程进行当中，杰克逊从来没有为了这份短得不能再短的合同后悔过。默契，或者是中国人所说的缘分，使得杰克逊和雷宜锌这两个语言不通、交流必须通过翻译的人，能相

雷宜锌、中国工程队、马丁·路德·金纪念园总建筑师合影于《希望之石》

互理解,相互信任,成为合作无间的伙伴和惺惺相惜的朋友。

纪念园的施工还在继续,雷宜锌和中国工程队的任务完成了。12月29日,是工程队在工地的最后一天,第二天团队就要启程回国了,工人们思乡心切。我曾试图设想这最后的一天会以何种特别的方式结束。结果一切却是一如既往的平静。大家有条不紊地在雷宜锌的指挥下工作,唯一的不同是,下午4点,大家收拾整理了全部工具,仿佛这就是普通的一天。我回到杰克逊的办公室,见到的是同样平静而沉默的杰克逊。

虽然我钦佩他们的定力,却禁不住要庆贺一下,在中国城的湖南餐馆订了晚餐,邀请杰克逊和他的助手米尔科、雷宜锌和他的全体工程队一起聚会,算是庆功,也算是告别。略有遗憾的是工地上其他很多合作方都已经在圣诞和新年的长假中不能参加。这大概是所有聚会中最轻松的一次。困难、挫折都成了过去。回想起来,大家总是记得那些最愉快的经历。

晚餐上大家谈兴未尽,说起世界上大型纪念碑材质的历史演变。杰克逊认为,花岗岩作为最传统古老的选择,将会因为《希望之石》的面世而成为新的时尚,而雷宜锌将毫无疑问地成为世界顶级的石雕艺术家。杰克逊不经意地与雷宜锌谈起,工程的安排因为美国工会的抗议,而延迟了签证,导致了工期的匆忙,如果再多一点时间,是不是可以做得更好?这本来是类似"成功感言"的问题,却触动了雷宜锌的艺术神经。他认真地说:"是可以做得更好。具体地说,就是从雕像的侧面看,稍稍地觉得重心偏后,走出来的动感不足。我想还有一些修改的余地。"

大家都被他的回答震住了。修改一下?脚手架也拆掉了,工具也收好了,机票已经订好,行李已经收拾,明天天就回国了,怎么修改?

雷宜锌把心里的想法终于说了出来,更加坚决了。他解释说,以前做泥塑,做玻璃钢模,都是把《绝望之山》和《希望之石》放在一个平面上。正式安装以后,《希望之石》在前方,侧面完全突出,这点瑕疵才显现出来。

那么,需要怎样修改呢?大家惊诧之余,也急于知道答案。

雷宜锌若有所思,说道:"肩膀处需要再打进去一些,裤腿的地方也要修改一点。"

看来他早已想过这个问题,说不定已经翻来覆去地考虑得很成熟了。现在终于下决心再次返工修改。要知道,现在不修改,以后就永远没有机会了。他感到非常抱歉,机票需要改期,住处也要延期,带来很多麻烦。不过大家都二话不说,一致同意返工修改。米尔科马上开始在手机上处理所有延期的细节，包括延期修改所增加的额外开支。没想到一次庆功宴竟带来这个结果。我对杰克逊开玩笑说："抱歉，这次晚宴对你可是代价不菲。"杰克逊反应很快，立刻微笑着反击："我只是晚宴的客人，如果我没搞错的话，这是你安排的晚宴，账单是你的。"大家都禁不住哈哈大笑起来。

对于返工所带来的麻烦，杰克逊居然面不改色，甚至似乎很愉快的样子。我知道，任何能让《希望之石》更完美的努力，杰克逊一定会不惜代价地抓住机会。而在我与雷宜锌打交道的过程中，一再发现，虽然他在生活中是一个非常随和的人，但在创作领域，他就是司令官，发号施令，无人不从。周围的人在与他合作，或为他工作的时候，渐渐建立起对他的无条件信任，唯其马首是瞻。就连杰克逊也对他充满信任，在创作方面完全由雷宜锌定夺。

后来我问雷宜锌，你修改之后，跟以前有什么明显差别？他笑笑说，1000个人里面大概有一个人能发觉其中的差别吧。

我记得雷宜锌曾提到过，几乎任何一件艺术作品，总会有些遗憾，完美是不存在的。那么既然完美是难以企及的目标，为什么还要为了一点点别人看不出来的瑕疵而大费周折呢？因为真正的艺术家，永远不是以别人的满意为目标，最重要的是对自己的作品诚实，对自己讲真话。心中有了"真"，才能带来"善"和"美"。

而这也是最让杰克逊为之感慨之处："当我看到雷所创作的那些细节，比如马丁·路德·金嘴唇上的唇纹、手上的经脉和关节，我很感动。作为游人在地面仰望一座近9米高的雕塑是不会在意到那些细节的，但这对艺术家本人很重要，他不是为别人在创作，他是为艺术而创作。"当我问及4年前是哪些关键因素让他坚定不移地选择了雷，这就是杰克逊给我的回答。雷宜锌能在大洋彼岸有这样的知音，真是人生和事业上的一种缘分。

雕像安装和最后的修改都结束了。从2006年8月雷宜锌开始参与这项工程以来，4年半的时光，他的生活和事业无不围绕着这个工程。

回首这4年半的时光，雷宜锌说："首先这是一件非常幸运的事，我此前做了几十年雕塑，作品无数，也获得很多的荣誉。和很多艺术家一样，知名度和作品的影响力都是有限的。创作《希望之石》这个马丁·路德·金雕像改变了我的人生。我很清楚，这件作品的材质、体量和高度都不重要，重要的是马丁·路德·金在全世界的影响力。他几乎是没有争议的一位伟人，不管什么国家、什么社会体制、什么人种都认同他追求人人平等的观点。尤其令人敬佩是，他坚持不懈，倡导以非暴力的方式实现自己的理想。"

"其次是这件作品摆放的位置是美国的政治中心、华盛顿国家广场，重要性是不言而喻的。这是一件伟大的作品。再好的艺术家都需要有一个好的平台来展示才能，他把我推向了世界，也让我的事业达到了顶峰。"

不管怎样，现在一切都完成了，创作期间的魂牵梦萦，外界的批评和争议，认同与欣赏，曾经为他欢乐、为他焦虑，这一切都成为过去。一位艺术家对作品倾注了自己的心血，他与作品之间的感情，无论是批评者还是欣赏者，恐怕都无法全部了解。雷宜锌回忆说。

"当《希望之石》上最重要的那块石头——金的头像运抵安装工地时，我心里在想，上帝保佑，只要这块石头不出任何问题就一切OK了！那天整个工地的人都放下手头的活来关注他的吊装，我盯着包装被打开，仔细观察，没有被损坏的痕迹。又看着他被大吊车吊起，这期间大家都忙着与他合影，场面非常喜庆。要是在中国肯定不知要放多少鞭炮了。当吊车把石头举到离地几米高时，石头在空中自然地旋转了360度，我被震住了，头部的表情经过阳光照射，神采奕奕，真是棒极了！此前我雕刻他时，从未有过这么好的光线角度照射他，此刻的视觉效果超好。我们用了半小时把他准确无误地安装到位时，我心里的石头也落地了，我真的感到幸福和满足。"

马丁·路德·金雕像头部安装，雷宜锌为《希望之石》署名

第十五章　最后的旅程

2006——2011年间，对于选择一位中国艺术家来创作美国英雄的雕像，美国媒体有大量报道及评论。在舆论大战期间，更是轰轰烈烈。而当时中国国内媒体对于这个事件却没有太多曝光。其中一个重要原因是雷宜锌本人的低调处理。为了减少不必要的麻烦，基金会曾经嘱托他尽量少与中美媒体接触。雷宜锌始终信守承诺，从未就此事对外张扬。即使在湖南省内知道此事的人也不多。这原本也是他为人处世的风格。

湖南省委书记周强访问马丁·路德·金纪念园工地，与基金会主席及总建筑师合影

很多知情者认为，凭借雷宜锌的影响力，可以促进中国艺术界与国际艺术界的交流，促进中西方文化的交流，取长补短，发展中国的文化事业。比如说，雷宜锌游历美国，认为中国的很多雕塑并不比国外差，但中国的城市还欠缺一点包容艺术的胸怀，有的城市因为羡慕别处的雕塑，就把自己城市的雕塑贬得一文不值。有的城市一声令下，雕塑说拆就拆了。而在美国的城市中，雕塑受到法律保

湖南省委书记周强及代表团访问马丁·路德·金纪念园工地

护。无论多么丑陋的雕塑,想要拆除也必须经过听证。而这样做的目的,是为了避免在人们的审美还不成熟的时候,毁掉一些真正的艺术品。

  湖南省外事侨务办公室国际交流处处长王丽文从2009年认识雷宜锌,开始对他的事业有所了解,意识到一位作为受人尊重的艺术家在中外交流中所发挥的极为重要的作用,所以一直关注他的事业发展。2010年7月,她随同"和谐湖南"艺术展的代表团出访圣保罗市,参观了雷宜锌在圣保罗市的《遐想》雕塑,看到了中国艺术在美国产生的共鸣,亲身感受到了美国民间的纯朴友好的情谊,和对中国艺术家的认可和尊重。

  2011年2月,湖南省委书记周强到华盛顿参加美国州长协会冬季年会。作为随行成员,王丽文事先准备了雷宜锌和他在美国所做项目的资料,并向省外侨办主任肖祥清做了汇报,肖祥清主任觉得这个项目值得推荐给书记。由于此次访问的公务安排极为繁忙,几乎没有空,王丽文见缝插针利用在火车上的一点空闲时间,向周

湖南省委书记周强关注雷宜锌雕塑事业发展

强介绍了雷宜锌,肖祥清主任建议他去华盛顿的马丁·路德·金纪念园工地访问,亲自感受这个项目。周强一下子被这个介绍吸引住了,大为惊讶,没想到一位中国艺术家、一位湖南省的艺术家在美国首都进行如此重要的艺术项目,他完全了解其中的意义,以一位政治家的敏锐觉察到此事在国际上的影响力,当即决定额外挤出时间,去纪念园工地访问。

　　第二天与美国副国务卿霍尔迈茨的会晤因为交谈甚欢而延长,仅剩下半小时的空余时间,周强还是决定赶往纪念园工地。代表团17人在国家广场亲眼看到中国艺术家雷宜锌的作品,感到十分振奋。因为这个额外的安排,以致周强和蒙大拿州州长会晤时稍稍迟到。他对州长先生说:"很抱歉,我迟到了。但那是因为我去华盛顿国家广场参观一位中国湖南的艺术家为马丁·路德·金雕塑的作品。那真是了不起!"

　　回国以后,周强在全国人大会议上及在人民大会堂接受媒体采访时,又多次自

湖南省委宣传部长路建平,副部长李发美,《湖南日报社》社长覃晓平,中南出版传媒集团董事长龚曙光访问纪念园工地

豪地提到雷宜锌和他的雕塑事业,回湖南后又专程约雷宜锌见面,询问他的雕塑事业情况,征询他对推动湖南省雕塑产业甚至文化产业发展的意见,并指定湖南省人大副主任蒋作斌专门负责雷宜锌的项目。蒋作斌担任过湖南教育、发改委部门和市州领导,在地方工作期间,曾经对民间文化进行抢救性保护和整理,对文化产业非常重视,也是一个务实型领导。他很快召开协调会,商讨落实湖南省各有关部门对雷宜锌和湖南省雕塑事业的支持。2011年5月,湖南省委宣传部长路建平,副部长李发美率湖南省媒体访问纪念园。6月,原湖南省委书记,现新疆维吾尔自治区党

原湖南省委书记，现新疆维吾尔自治区党委书记张春贤访问纪念园工地

委书记张春贤也访问了纪念园工地。目前，雷宜锌雕塑文化园和雷宜锌雕塑艺术学院正在筹建当中。

时间的脚步迈向8月28日，离马丁·路德·金纪念园开幕的日期越来越近。基金会总建筑师杰克逊博士的日程安排日渐繁忙。他在纪念园施工临时指挥部召开各种工作会议，到国会艺术委员会作定期进展汇报，飞往美国各地参加基金会筹款宴会，同时接受各种媒体到施工现场的采访和沟通。他有条不紊地指挥着千头万绪的各种准备活动。"将建筑和艺术的精华浓缩，塑造一位美国人心目中的英雄，将他对友爱、和平、平等的追求传达给千千万万的民众。"这是杰克逊对自己工作的描述，他知道当雷宜锌将《希望之石》做完最后的润色，最艰难的旅程已经被征服在脚下。

有时，杰克逊会提起15年前在马里兰州银泉市阿尔法兄弟会的例会上，6位马丁·路德·金纪念园的发起人问他，是否可以为金博士做一个雕塑。"难以想象，我们当时以为历时两年，用200万美金就可以完成的纪念园。经过不懈地努力，这个纪念园最终成为一个历时15年，耗资1.2亿美金的国家项目，并将成为一个国家公园。也只有这样，才能配得上金为美国及全世界所作的贡献。"

杰克逊来自密西西比州麦克可门小镇，他全没有想到自己事业的顶峰，会是如此意义非凡的项目。面对沉稳刚毅的杰克逊，我一直在猜测，是否因为军旅生涯的磨炼，才造就了一个决策果断、有韧性和远见的建筑师。面对我的猜测，他笑了，原来他的确在美国军队服役多年，军方的奖学金资助他完成了建筑博士学位。退役后他曾担任美国建筑师协会研究处主任。"作为一个军人，完成使命是头等大事。我可以看透所有终将化为云烟的各种争议，永远清晰自己的使命和目标，那就是给世人留下一个完美的艺术建筑，不惜一切代价。"

杰克逊也将项目的成功运作归功于基金会简单而高效的行政结构。基金会的最高层是三足鼎立的领导，总裁哈里·约翰逊，总建筑师埃德·杰克逊，总财务师马歇尔。他们在各自的职权范围内果断全权，互相支持，共同承担压力。在15年中，基金会从一无所有到募集1.2亿美元资金，从向全世界征集设计方案到选择一位中国艺术家创作雕像，在应对纪念园所引发的风风雨雨中，都可以看到这个决策结构的关键作用。

在马丁·路德·金纪念园工地，杰克逊接待了不可胜数的来访者，当人们为《希望之石》和《绝望之山》所叹服时，他总是会自豪地告诉大家："没有中国雷就不会有这个项目的成功。"但他太谦虚了，在很大程度上，没有杰克逊，就不会有中国雷的发现，就不会有现在的《希望之石》和《绝望之山》。如果说雷宜锌是一匹千里马，杰克逊则是伯乐。在他选择了雷宜锌之后，就坚持"用人不疑"的态度，即使在外界的巨大压力之下，也从未对自己的选择退缩。

2011年5月10日，此时离马丁·路德·金国家纪念公园揭幕还有78天。基金会已收到捐款达到了1.12亿美元，离预定的1.2亿美元的目标只有一步之遥了。在明尼苏达州的明尼阿波利斯市，基金会举办了双子城"梦想午宴"，这是马丁·路德·金基金会在明尼苏达州的筹款答谢宴会。作为马丁·路德·金纪念园总建筑师杰克逊的嘉宾，我与圣保罗公共艺术协会主席克里斯汀、知名城市规划师卢伟民、美中商务关系协会创始人熊京明等也受邀出席。

美国司法部长埃里克*霍德尔访问纪念园工地

明尼阿波利斯是美国明尼苏达州第一大城市，与河对岸的圣保罗市组成著名的"双子城"都市区。明尼阿波利斯与圣保罗一起构成美国中北部地区交通枢纽、商业和金融中心。在过去半个多世纪，随着产业结构的调整而多元化发展，明尼苏达州的许多企业都发展成为行业的领军地位。关于美国经济和就业情况的统计数据表明，"双子城"是在世界500强公司工作人口占总工作人口比例最高的城市。

明尼苏达州的居民有非常强的社区意识。公司企业也都有一个共同点，将社区建设放在企业重要战略策划中。很多公司都极重视为非营利性组织捐款，成立基金赞助艺术和公共事业的传统。这次"梦想午宴"持续两个多小时，明州的捐款达到250万美元。市长戏谑地对基金会总裁哈里·约翰逊先生说，基金会工作的回报率是创纪录的，至少在明州每小时回报是100万美元。

午宴的主席是美国第一大电器连锁店百思买（BestBuy）公司的总裁布朗顿先生。2005年百思买公司被福布斯杂志评为美国为公益事业捐款最慷慨的十大公司之一。午宴上，布朗顿先生给大家介绍了公司的一个内幕：在百思买公司每年度的领导力培训项目中，有一项是专程到佐治亚州亚特兰大市马丁·路德·金的故乡去了

美国首都华盛顿特区市长文森特*格雷访问纪念园工地

解历史和金的人生道路，讨论和反思作为一个拥有12万员工的、面向大众百姓的零售服务公司，他们当前对社会和人性的认识是否合理，是否有前瞻性和领导性，是否顺应时代发展的需要。作为总裁，布朗顿自己身体力行完成了培训后，感触颇深。他随后在学校的假日里，带着三个儿子又专程前往。让他们这些在和平时代和相对公平环境下出生的年轻一代，也能切身感受金的精神。

　　站在21世纪的第二个10年的开始，每天看到自己的孩子快快乐乐地和白人、非裔、拉丁裔的伙伴们一起上课玩耍，有时候恍惚间很难相信那些似乎已经被遗忘的腥风血雨，就发生在不到半个世纪以前。现在美国各地大部分地区，孩子们与各个种族的朋友平等相处，把这种现象看做理所当然。2010年的马丁·路德·金日，读一年级的孩子从学校带回社会学习课程的作业。我发现那是孩子自己在课堂上剪裁装订的一本8页的小书。书中的图片告诉孩子们，20世纪60年代有不公平的法律，白人和黑人不可以去同一所学校，在公共场所不可以用同一个饮水机饮水；那时马丁·路德·金站出来告诉民众这不公平，并发表了《我有一个梦想》的演说，改变了当时的状况。书的最后一页写道："金博士的演说《我有一个梦想》，是最有名的演说，它从此带来了法律的改变。谢谢你，金博士！"美国社会关于民主平等的教育，就是这样从每一个小学一年级学生开始。

当天的午宴上，百思买公司和它附属的百思买儿童基金，为马丁·路德·金基金会捐款100万美元，用于纪念园的建设和支持新的"少儿金"项目。

"少儿金"项目面向3年级到12年级的学生，有奖征集论文和艺术创作，旨在让现在和未来的少年儿童有机会了解金的故事，激发他们为公众服务，追求和平与平等的理想。每年获奖的孩子将被邀请到美国首都华盛顿特区，参加颁奖仪式和一系列活动。

百思买的儿童基金在午宴上为三位明尼苏达州的民权人士颁发荣誉奖，播放视频短片，介绍每一位获奖人士的成就。三位被授予荣誉奖的人士不仅是各自事业领域的顶尖人物，更重要的是，他们都信仰公平和公正，积极参与社会公益事务，推动了民权在美国的发展。其中包括过世的副总统赫伯特·汉弗莱。1945年汉弗莱当选为明尼阿波利斯市的市长，面对当时极其恶劣的对非裔和其他少数族裔的歧视状况，他以政治手段和立法行为来为少数族裔争取权利。作为一位白人政治家，他信仰公平和公正，以他的远见和行动塑造历史，他在全美民主党大会上发表激情演说，建议全党联合起立为民权而斗争。后来作为参议员，他更是为民权奔走的领军人物。经过马丁·路德·金，汉弗莱以及其他人的努力，1964年国会通过了《民权法案》。汉弗莱后来由林登·约翰逊总统提名成为副总统，为1965年国会通过了划时代意义的《投票权法案》起到了不可或缺的关键影响。

明尼阿波利斯的莱柏克市长提到，他的儿子在紧邻国家广场的乔治华盛顿大学读书，当他和儿子在国家广场徜徉，面对马丁·路德·金纪念园的施工现场时，他感叹为民权的努力是一个漫长而艰苦的过程，远远没有结束。圣保罗的科尔曼市长则有更多的关于雷宜锌的故事和大家分享，他提到了雷宜锌在圣保罗市创作《遐想》雕塑，《遐想》遭到的破坏和随后修复过程。他说，《遐想》的修复意义深远，体现的是圣保罗人民代表美国，在清除种族主义的污痕。在座的很多听众第一次知道这些故事的原委曲直，都欷歔不已。在《遐想》雕塑上，不仅凝聚着雷宜锌和中国人的自豪，也折射出美国人对自己文化意识的深思。

21世纪的美国是金钱统治一切，利益至上的后工业时代。马丁·路德·金纪念园在这个时代产生，以他的精神继续激励世人，追求自由公平的社会理想。

明州州长得顿先生说，马丁·路德·金曾于1968年2月4日的一次布道中讲到了他希望百年之后，人们记住了一个尽力为公众服务的金，一位以爱为己任、布施人性的金，一位给穷人提供暖食寒衣的金，一位追求公平和真理的金。马丁·路德·金的短暂一生充满了激情的演讲和论述，每个人都从中能找到感动和鼓舞自己的片断。州长认为金影响了整整一代人对理想和信念的追求。现在，《希望之石》是对这种精神的纪念和推崇，也更鼓舞后世。

类似如此的筹款活动是基金会日常工作之一。我没有料想到的是，在一个城市的活动也安排得十分有内涵，捐款不仅仅是目的，也是一个让人反思过去和展望未来的过程。推动社会进步，不仅是几位高瞻远瞩的领袖的任务，同时也是全社会的责任，必须通过民众的支持和参与才能真正实现。

第十六章 揭幕

2011年10月16日，马丁·路德·金纪念园基金会举行纪念园揭幕典礼。这是一个阳光灿烂的星期天，一个天清气爽的秋日。想起8月底的飓风，让人不禁觉得揭幕典礼的延期举行，乃是为了考验人们的耐心和坚持；对于善于等待和坚持到底的人，回报则是这样一个完美的日子。

揭幕典礼的主会场设在紧邻纪念园的西波托马克公园。当我来到公园时，排队进入会场的队伍蜿蜒有序，已有大约300米长。人们带着稍许庄重的神色，仿佛朝圣；但他们又带着毯子，或是折叠椅，象赶赴一个野餐会。的确，这并不是一场沉闷的揭幕典礼，而是一场庆祝盛会。舞台早已搭建好；几个大屏幕竖立在醒目的地方，为远处的观众提供更清晰的舞台景象；媒体占据了最佳位置，以便对盛会进行实况转播；观众席的前方，还有几名手语翻译者，他们将实时用手语向失聪人士传达舞台上演讲的内容。

基金会邀请的演讲嘉宾中包括在马丁·路德·金生前与他一起推动民权运动的战友，他的家人及朋友，以及纪念园各位重要的赞助人。建造纪念园不仅需要政治上的支持，也需要民间团体的捐助，尤其各大知名企业的慈善基金的捐助。

前一天晚上，基金会在希尔顿酒店举行了"梦幻晚宴"，答谢各捐助团体。参加宴会的包括最早提出建立纪念园的阿尔法兄弟会的成员，金的家人，总统内阁成员，社会活动家，各大企业代表，设计纪念园的ROMA设计事务所，基金会全体工作人员，等等。在小宴会厅，基金会领导层和董事局向捐助方的VIP成员表示感谢，并赠送了雷宜锌制作的小型马丁·路德·金铜像。最早捐助纪念园的企业是通用汽车公司，汤米·希尔费格（Tommy Hilfiger）公司慈善基金。两家公司各捐赠一千万和六百万美元。其他主要捐助公司或团体包括波音，保洁，NBA，迪斯尼，可口可乐，福特，丰田，百思买，索尼，BP石油，联邦快递，房利美，摩根大通，现代汽车，本田汽车，百事可乐，麦当劳，AT&T，通用电气，沃尔玛，壳牌石油等等一长串国际知名企业的名字。捐赠达到一百万美元以上的企业和基金有63家。通用汽车，北美现代汽车等各大公司的总裁纷纷和雷宜锌夫妇合影留念。

随后在大宴会厅里，主席台上端放着小型的马丁·路德·金铜像。曾经给予纪念园大力支持的团体代表约数百人汇聚一堂，发表对马丁·路德·金精神的理解和演绎，重温纪念园建造的风雨历程。在宴会上，作为雷宜锌邀请的客人，我与他们一家同行。在这样的场合，雷宜锌从来无法有任何歇息的时刻，前来与他握手祝贺，合影及请他签名的人们排成长龙。

奥巴马总统的内阁成员，美国房屋与城市开发部（相当于中国建设部）部长尚·丹纳文先生恰好与我们同桌。他向我提到，他的父亲当年从中美洲到美国麻省理工学院求学，他作为第二代移民而事业有成。我也介绍了杰克逊在圣保罗发现雷宜锌的故事。丹纳文先生与雷宜锌举杯，祝贺他的艺术成就。

宴会进行到最后，基金会主席哈里·约翰逊请总建筑师埃德·杰克逊上讲台。毕竟，杰克逊是亲手把纪念园从无到有建造起来的执行人。杰克逊虽然是一个行动家，却不善言辞，他在讲台上沉默良久，说道，"还是允许我给你们介绍今晚真正的明星：雷宜锌大师。"雷宜锌走上讲台，以同样少言寡语的态度诙谐地说，"我就不说什么了吧，我说的湖南普通话你们也听不懂。"夫人石洁莹把这话翻译出来，观众们被他们的谦虚态度打动，全场报以热烈的掌声。当雷宜锌走下讲台，人们又把他团团围住，无数的小册子和笔塞到他的手里，请他签名；闪光灯亮个不停，要求与他合影的人们仍是源源不断。

第二天的揭幕典礼，则是一个更广泛的民众集会。主会场完全向公众开放。为了占据最好的位置，很多人在凌晨就来到会场外面排队。一位来自加州旧金山的女士乘飞机于凌晨2点抵达华盛顿，立即赶到会场排队，却失望地发现有人比她更早。她并不是唯一一个特意从外地赶来参加的人，拖着行李箱走在排队人群中的观众随处可见。9点以后，主会场停止进入。人们在会场之外的草地上铺开毯子，放下折叠椅，从几个大屏幕上仍然可以清晰地观看会场内舞台上的情景。

这天的庆典有更多更重要的嘉宾参与，囊括了所有支持民权运动的重要人物。在演讲中，他们无一不盛赞纪念园的成功，和马丁·路德·金的梦想的成功。但他们更多地提到当今的政治和经济境况，提到如今的人们面临更大的挑战，通向更美好的未来之路，仍充满艰辛。自2008年以来，美国的经济情况并未发生根本性转变。至2011年8月，失业率仍高达9%。奥巴马总统的政治生涯也受到严峻挑战。嘉宾们为他的竞选连任造势，敦促人们，尽管当今局势不容乐观，人们却应当心怀信

念，看到希望，正如马丁·路德·金本人当年所坚信的那样。他们的演讲时常激起观众的共鸣，掌声与喝彩声不绝于耳。一位犹太拉比，即犹太长老，曾经在当年的民权运动中与马丁·路德·金一起并肩奋斗，当年的犹太人也是备受歧视的族群。他说，不管是基督徒，还是犹太教徒，不管是佛教徒，印度教徒，还是穆斯林，大家都应该互相支持，携手并进。

金的姐姐，女儿和儿子也分别发表演讲。这是金家族继马丁·路德·金获得诺贝尔奖，其生日成为国家节日以来所获得的最高荣誉。金的朋友安德鲁·杨在演讲中风趣地说，"以前金因为自己个头不高，对那些低眼看他的人感到不满。看，他现在28英尺高，俯视众生。"这句话一语双关，道出马丁·路德·金在美国公众心目中的至高地位。

这样的揭幕庆典，绝对少不了音乐家。他们在演讲的间歇中献唱，富于感染力的音乐把气氛推向更高潮。他们中不仅有来自华盛顿特区的民间合唱团，还有获得格莱美音乐奖的音乐人，其中包括美国乐坛天才，盲人音乐家史提夫·汪达，黑人灵歌女王艾瑞莎·弗兰克林。这简直是一场最高级别的黑人音乐听觉盛宴。音乐家们或高亢，或低回，或感人，或激情的歌声，点燃在场观众的热情，他们随着歌声的节奏摇摆，击掌，并唱出和声。现场的观众无论黑人，白人，还是其他民族，不管是否熟知这些经典的黑人歌曲，在饱含深沉情感的音乐魅力的感召下，无人可以置身事外，无动于衷。孩子们手舞足蹈，老人们潸然泪下，人们的心情无一刻平静。

除了主会场之外，在纪念园中设有贵宾席，雷宜锌一家受邀列席其中。主会场的观众则可以通过大屏幕看到纪念园中的情况。11时左右，一位演讲嘉宾在台上向人群指出，"我们黑人从公共汽车的后座，走到了白宫！"他当然指的是"蒙哥马利罢乘运动"，和奥巴马总统的当选。仿佛为了印证这句激动人心的话，这位演说嘉宾刚刚走下讲台，奥巴马总统偕夫人和两个女儿在马丁·路德·金家人的陪同下，来到纪念园。人们在大屏幕上看到他们的到来，情绪达到沸点，纷纷起立欢呼。黑人人口虽然只占美国总人口的13%，在贫困人口中却比例最高，占25%。奥巴马总统在人们心目中不仅代表黑人，代表有色人群，更是处在贫困中的弱势群体的代表。观众们自发地呼喊，"四年连任！四年连任！四年连任！"他们对着国家首领欢呼，同时也为自己从奴隶最终成为国家的主人而激动万分。

贵宾席中的人们与奥巴马总统互相握手致意。当介绍到雷宜锌是创作雕像的艺术家时，总统立刻回答，"我知道，我知道。"他双手握着雷宜锌的手说，"非常感谢，祝贺你，你的作品太了不起了！"

奥巴马总统在当天的演说中，与大多数嘉宾采取了一致的基调：马丁·路德·金为大家指出了道路，他和他的战友做了很多，但梦想尚未完全实现，工作还没做完。经济状况如此严峻，贫穷和不义仍然举目皆是。现在要靠我们自己。让我们继续努力，继续挣扎，继续攀登，实现更加公平，更加公正的世界。

揭幕典礼当天，纪念园及西波托马克公园附近人潮攒动，水泄不通，前来观礼的民众达数万之多，他们将纪念园变为一个充满凝聚力，充满信念和希望的集会。典礼结束之后，雷宜锌一家和其他嘉宾们受奥巴马总统之邀，一起前往白宫。

雷宜锌一家在白宫大厅二楼的宴会厅里参加了午宴，又白宫工作人员的陪同下参观了一楼的图书馆，影视厅，和会客厅。在二楼的会客室，奥巴马总统夫妇接见了雷宜锌一家，白宫的专职摄影师拍下了他们亲切的合影。总统再次握着雷宜锌的手说："星期五我们全家已经到马丁·路德·金纪念园参观了，那一刻我们真的非常震撼，你的作品太杰出了！"

从总统办公室出来，雷宜锌一眼看见前联合国大使，金博士过去的战友安德鲁·杨。他在雕像即将完成时，就在纪念园工地上参观过雕像，与雷宜锌见面。当时他心潮澎湃，紧紧握着雷宜锌的手，一直走出很远。现在他特意等在总统办公室外面，对雷宜锌说："我们在工地上见过，但我还想再和你握手一次，再和你合影一次。"他想赠送一个纪念品给雷宜锌，将全身上下的口袋拍了拍，一时找不到什么合适的物件，最后将自己礼服上的徽章摘下来，送给雷宜锌留念。

从白宫回到纪念园，雷宜锌在那里接受了中央电视台和凤凰卫视等几家电视台的采访。他又被热情高涨的人群再次围住，签名，合影，几乎无法脱身。

整整一个周末，雷宜锌参加了频繁的社会活动，体力上疲劳与精神上的兴奋，使他精疲力尽。但他心里知道，自己的人生在此时达到了一个新的高度。

STONE OF HOPE
岩石上的梦想

174

雕塑家雷宜锌为马丁·路德·金塑像始末
Lei Yixin The Master Sculptor
of Martine Luther King National Memorial

1	2
3	4
5	6

1. "梦幻晚宴"媒体关注雷宜锌
2. 美国马丁·路德·金纪念园总建筑师杰克逊介绍雷宜锌一家
3. 雷宜锌一家欢聚"梦幻晚宴"　　4. 雷宜锌为晚宴嘉宾签名
5. 雷宜锌夫妇与美国通用汽车公司总裁夫妇合影
6. 雷宜锌与奥巴马内阁成员美国房屋和城市发展部长尚＊丹纳文合影

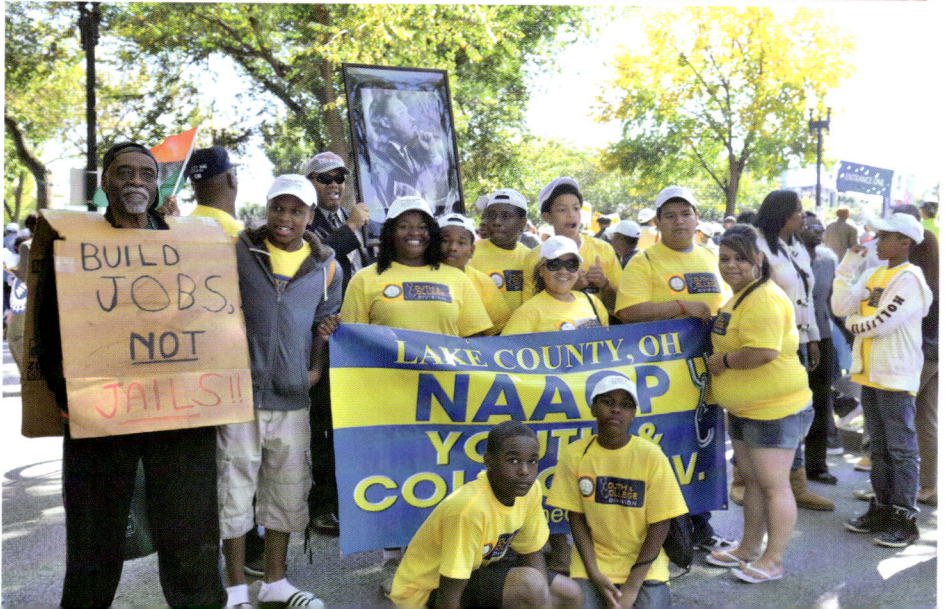

1. 参加纪念园庆典的普通民众
2. 纪念园庆典的主会场舞台
3. 参加纪念园庆典的团体

STONE OF HOPE 岩石上的梦想

雕塑家雷宜锌为马丁·路德·金塑像始末
Lei Yixin The Master Sculptor of Martine Luther King National Memorial

1	2
3	
4	5

1. 美国总统奥巴马在马丁·路德·金纪念园庆典讲话
2. 雷宜锌夫妇在纪念园揭幕庆典贵宾席入座
3. 美国总统奥巴马夫妇，副总统拜登夫妇与纪念园基金会主席约翰逊（左一），内务部长肯·萨拉扎尔（右二），阿费阿兄弟会主席梅森（右一）
4. 美国前国务卿鲍威尔（右），梅森（左）与雷宜锌合影
5. 雷宜锌夫妇与白宫高级顾问瓦莱丽·贾勒特合影

1. 美国总统奥巴马与第一夫人米歇尔对雷宜锌说:"谢谢你!"
2. 美国副总统拜登及夫人与雷宜锌握手

STONE OF HOPE
岩石上的梦想

雕塑家雷宜锌为马丁·路德·金塑像始末
Lei Yixin The Master Sculptor of Martine Luther King National Memorial

1	2
3	
4	

1. 雷宜锌与白宫海军陆战队合影
2. 雷宜锌一家在美国总统官邸白宫
3. 雷宜锌与马丁·路德·金姐姐克里斯汀·金·法里斯，女儿伯尼斯·金，儿子马丁·路德·金三世一家合影
4. 雷宜锌在纪念园为游客签名

第十七章　应许之地

今天，人们来到华盛顿国家广场，由宏大的神庙般的林肯纪念堂，向潮汐湖走去，湖畔的园林郁郁葱葱。从两座高耸粗糙的石山之间穿过，一种不由自主的压迫感使人加快了脚步。忽然间，豁然开朗，宽阔的湖面就在眼前，典雅庄重的杰斐逊纪念堂正在对岸。绕过前方的石山，回头仰望，马丁·路德·金沉思的面容吸引人们顺着他的目光看去，越过湖面，越过树丛，越过楼群，看向未知的远方。

马丁·路德·金纪念园，坐落在两位总统的纪念堂之间。杰斐逊纪念堂的墙壁上刻着他亲手写下的字句，"我们认为这些真理不言而喻，人人生而平等"；林肯纪念堂的台阶上，留下马丁·路德·金为此目标而奋斗的脚印。从杰斐逊到林肯，到马丁·路德·金，美国人民争取平等的历史在这里会聚成一条直线。

美国国家广场第一位黑人公民的纪念园，历经15载，终于在第一位黑人总统的任期内完成，并正式为它揭幕。

纪念园的地址又恰好是独立大道1964号，这是一个刻骨铭心的年份，美国国会在该年通过《民权法案》，宣布种族隔离和歧视政策为非法政策。

一位中国艺术家创作了这位黑人领袖的雕塑，生动地体现了这位人道主义者的理念，不以肤色论优劣，不以出身论英雄。

所有事情都安排得天衣无缝，让人不禁感叹，冥冥中自有天意。

在纪念园对公众开放第一周里，不断有黑人团体来园区举行活动。当黑人教会唱诗班聚集在马丁·路德·金的雕像前，唱起高亢的灵歌，现场的所有人都为之震撼。

"终于自由了，终于自由了！感谢全能的上帝，我们终于自由了！"

国家广场的纪念园中，人潮如涌。这些人当中有政界显要，各行业精英，当年民权运动的战友，普通的市民，年轻的学生，天真的孩子。那些当年曾经与金博士并肩战斗的老人，仰望着这座栩栩如生的雕像，热泪盈眶，喃喃地说，"这就是他！这就是我们的金！他好像又活过来一样。"

马丁·路德·金在被刺杀之前的一次演讲中说："和任何人一样，我也期望长寿，但这并不重要。我已在高山之巅，望见上帝应许之福地乐土。我或许不能与你们同行。但今夜我要让你们知晓，我们必将到达那片乐土。"

根据《华盛顿邮报》所刊载的一项民意调查表明，两年前，当奥巴马总统就职时，大约2/3的美国人认为，马丁·路德·金在《我有一个梦想》的演说中所描述的平等自由的社会在美国已经实现了。2011年8月，就在马丁·路德·金纪念园开放之前，又一次民意调查的结果却表明，这个比例大幅下降，只有1/3的美国人认同美国已经达成了这个目标；而相信此梦想将会最终实现的人，也只有1/3。

这真是一个令人有些悲观的结果，尤其在国家的最高领袖是一位黑人的时候。经过多年努力，有些人甚至付出生命的代价，那块应许之地似乎仍然遥不可及。但是美国社会毕竟前进了一大步。仅在半个世纪之前，虽然黑人和其他有色族群中绝不缺乏聪明才智之辈，金博士本人就是一位才智过人、意志坚定的领袖，但一位黑人当选总统，这在当时是无论如何无法想象的事情。

也正因为如此，纪念园才具有比纪念一位逝去的领袖更重要的意义。纪念园内遍植樱花。每年4月，当樱花盛开之时，也正是马丁·路德·金遇刺的忌辰。来参观纪念园的人们在盛开的樱花中，不但不会感到死亡的压抑，反而会体会到金和他毕生参与推进的争取弱势群体权益的运动的勃勃生机。这个纪念园不是对死亡、对过去事件的追忆，而是对未完成事业的思考。让大家认识到，每一个人的不懈努力会改变现实，会使社会更美好。

在描述创作过程的时候，雷宜锌曾说："我通过研究马丁·路德·金学到了很多东西。马丁·路德·金的思想是人类共同追求的目标，他为实现梦想的方式和过程艰苦卓绝，他经历了无数屈辱，他百折不挠，以至付出生命。他鼓舞着我追随他的梦想。"

正如马丁·路德·金向世人证明了一名黑人作为思想巨人的成就，雷宜锌向世人证明了一名中国人作为杰出艺术家的成就。他向美国黑人、向全体美国人证明，这个倾注了他全部心血和艺术才华的雕像，完整地再现了马丁·路德·金的坚韧不拔的意志和实现人类梦想的信心。这个雕塑仿佛在对美国人说："作为中国艺术家，我们的肤色虽然与你们不同，我们的文化与你们也有很大差别，但是，我们对人类精神的赞颂、对艺术的追求，却与你们绝没有分别。"这是雷宜锌的成功，也是马丁·路德·金精神遗产的成功，是人类呼唤友爱平等，摒弃偏见，携手共进的成功。

雷宜锌在完成马丁·路德·金雕像之后，比以前更忙碌。为了培养更多的雕塑艺术人才，他正筹备建立一个雕塑学院，更多城市的公共雕塑艺术项目等待他的创作，同时又负起，把自己与更多中国艺术家的优秀作品介绍到世界艺术舞台上的责任。

近30年来，中国朝着自己的梦想大步前进。时代给予雷宜锌百年难逢的机遇。延续5000年的中华文明，复兴古老的中华文化，雷宜锌正在用刻刀，尽自己的一份努力和责任。天才与勤奋的刻刀在一块顽石上成年累月地刻画，时代的斧凿也在这块顽石上锤打，人生的风雨也磨炼着它。岁月流逝，顽石渐渐显露出一个艺术家的形象，一位无止境地、忘我地追求艺术境界的雕塑大师。

每一时代的人，都有自己的使命，不同于以往任何时代。对过去时代的追忆，不仅仅为了歔欷感叹，更是一个警示。逝去的一代已完成他们的使命，像一座石雕，定格在历史的坐标上。他们停留在那里，期待的目光就在我们身后，注视着今天的前行。

当我站在华盛顿西边，阿灵顿美国国家公墓的制高点，俯瞰国家广场，一块牌子介绍建筑师朗方。他是来美国参加独立战争的一位法国建筑师，在美国决定建都于华盛顿之初，朗方完成了华盛顿市区总体规划，为一国之都日后的发展奠定了基础。在朗方的规划中，国家广场就是华盛顿的中心。现在，一位中国艺术家的作品矗立在那里，他的签名留在一位黑人领袖的雕像上。

眺望着远处的国家广场，我感受到对那些塑造历史、改变历史的人们的敬意。人生多么短暂，个人的力量有时是那么微不足道，参与历史的人多么幸运，这样的人生多么有意义。山坡稍低处，是肯尼迪总统和家人的墓园，不熄的火焰在燃烧。隔着波多马各河的远处，是掩映在绿树丛中的马丁·路德·金纪念碑。他们是当年美国同一时代的领袖，都因为各自改变历史的努力而被暗杀，英年早逝。可那有什么关系？与其碌碌无为，垂垂老朽，不如让生命灿烂燃烧。

马丁·路德·金、雷宜锌及纪念园年表

1865 年	林肯总统说服国会通过了宪法第 13 修正案,在美国全部废除奴隶制。
1929 年 1 月 15 日	马丁·路德·金出生于美国佐治亚州亚特兰大市。
1952 年 6 月 22 日	马丁·路德·金就读于波士顿大学研究院时,加入阿尔法·费·阿尔法兄弟会。
1953 年 11 月	雷宜锌出生于湖南长沙。
1955 年 6 月 5 日	马丁·路德·金在波士顿大学获得系统神学博士学位。
1962 年 10 月 16 日	马丁·路德·金在白宫会见肯尼迪总统,敦促他支持民权运动。
1963 年 8 月 28 日	在"进军华盛顿"的全国性抗议活动中,马丁·路德·金在华盛顿国家广场,林肯纪念堂的台阶上,发表了著名的演讲《我有一个梦想》。
1964 年 12 月 10 日	金博士在挪威奥斯陆接受诺贝尔和平奖。
1968 年 4 月 4 日	马丁·路德·金在田纳西州孟菲斯市遇刺身亡。
1970 年	雷宜锌离开长沙,上山下乡,到湖南芷江县做知青。
1977 年	雷宜锌离开芷江返回长沙。同年,高考恢复,雷宜锌考入广州美术学院雕塑系。
1982 年	雷宜锌从广州美术学院毕业,回到长沙。
1983 年 11 月 2 日	里根总统签署法案,宣布马丁·路德·金的生日为全国性节日。
1989 年	雷宜锌为中国女排设计大型城雕《拼搏》立于郴州。

1990 年	雷宜锌开始担任湖南省城市雕塑委员会主任。
1995 年	雷宜锌创作《英雄泪》雕塑,被中国美术馆收藏。
1996 年 11 月 12 日	克林顿总统签署国会法案,在华盛顿特区建造马丁·路德·金纪念园。
1999 年 12 月 2 日	美国首都规划委员会通过决议,批准一块 4 英亩的土地,为在国家广场修建马丁·路德·金纪念园的基址。同一天,纪念园设计比赛的招标文件准备完毕。同时组织了一个评审委员会,评委们来自建筑、园林规划和艺术领域的专家学者。
1999 年	雷宜锌创作《出境》雕塑。
2000 年 9 月 12 日	美国旧金山 ROMA 设计事务所提交的设计被选定为纪念园设计方案。
2001 年 3 月	纪念园基金会启动募捐活动。
2002 年	雷宜锌担任长沙黄兴路《老长沙》系列铜雕总设计。
2002 年 4 月	美国国家艺术委员会投票通过初步设计。
2005 年 12 月	美国首都规划委员会投票通过初步设计。
2006 年 2 月	由于达到预期募捐目标,国会兑现了事先的承诺,给予基金会 1000 万美元匹配资金。
2006 年 5 月 22 日至 2006 年 6 月 30 日	明尼苏达州圣保罗市举行国际石雕研讨会。其间,马丁·路德·金纪念园基金会杰克逊等人看中雷宜锌的作品。
2006 年 8 月	雷宜锌在华盛顿特区与马丁·路德·金纪念园基金会签订合同,制作雕像。
2006 年 10 月	纪念园基金会设计组访问中国,考察采石场和加工厂。

2006 年 10 月	雷宜锌完成初稿模型，向基金会设计组征询意见。
2006 年 11 月 13 日	举行马丁·路德·金纪念园奠基仪式，参加者包括布什总统，前总统克林顿，参议院参议员贝拉克·奥巴马，金的家人，知名记者，内阁成员，众议员，兄弟会成员，民权活动家，慈善家，及其他有关人士，共几千名。
2007 年 1 月 15 日	纪念园基金会宣布雷宜锌为马丁·路德·金雕像的主创设计师。
2008 年 1 月	中国南方地区遭受低温雨雪冰冻灾害，雷宜锌为雕像所做的1:1泥塑被毁。7月完成修复。
2008 年 7 月	《遐想》雕塑在明州被种族主义分子破坏，9月，圣保罗公共艺术主持《遐想》雕塑修复活动。
2008 年 9 月 18 日	美国国家艺术委员会批准纪念园的全部设计。
2009 年	福建采石场开采荒料，石匠团队开始石雕制作。
2010 年 7 月	雷宜锌领队《和谐湖南》艺术展在圣保罗举行
2010 年 7 月至 2010 年 9 月	雷宜锌为湖南芷江抗战纪念园创作《陈纳德》雕像，飞虎队群雕。9月6日，美国前总统卡特受邀参加抗战纪念园揭幕仪式。
2010 年 8 月	159 块石雕散件经过 47 天航行，于 8 月运抵美国巴尔的摩港。
2010 年 10 月	雷宜锌工程队开始安装雕像。
2011 年 1 月	马丁·路德·金雕像安装完毕。
2011 年 2 月	湖南省委书记周强访问马丁·路德·金纪念园。
2011 年 8 月 28 日	原定的马丁·路德·金纪念园揭幕典礼因飓风影响而延后。
2011 年 10 月 16 日	马丁·路德·金纪念园揭幕典礼。